DIETER SEIBERT

Orientierung im Gebirge
mit Karte und Kompaß

Mit 37 Abbildungen, 26 Zeichnungen,
und 7 Kartenausschnitten und 1 Winkel-
und Entfernungsmesser zum Zeichnen von Kursskizzen

BERGVERLAG RUDOLF ROTHER GMBH · MÜNCHEN

Umschlagbild:
Positionsbestimmung vor Ort mit Karte und Kompaß
Foto: Dieter Seibert

Abb. gegenüber der Titelseite:
Der Sommerstein (Steinernes Meer) gesehen vom Aufstieg von Saal-
felden zum Riemannhaus. Nebel und Neuschnee (siehe obere Partien)
können selbst bei einem guten Steig die Orientierung sehr erschweren.
Foto: Seibert

Bildnachweis:
Alle Aufnahmen stammen vom Verfasser mit Ausnahme der Abb. auf
Seite 6 (Alfred Baumgartner), Seite 61 (Lisa Gensetter)
und Seite 78/79 (Rudolf Rother).

Die Skizzen zeichnete der Autor.

Seite 72—77:
Ausschnitte aus der Landeskarte der Schweiz, reproduziert mit Bewilli-
gung des Bundesamtes für Landestopographie vom 12.6.1986.

Seite 66/67:
Ausschnitte aus der AV-Karte Hochkönig mit Genehmigung des DAV
und des ÖAV

2. Auflage 1990
Alle Rechte, ausgenommen Text und Bilder von Anzeigen,
beim Bergverlag Rudolf Rother GmbH, München
ISBN 3-7633-6075-1

Gesamtherstellung Rother Druck GmbH, München
(2246/6198)

Inhalt

Vorwort 7

PRAXIS

   I. Ein paar Worte vorab 10

  II. Auf guten Wegen zu bekannten Zielen 14

 III. Stille Bergfahrten auf kleinen Steigen 18

 IV. Im weglosen Gelände und auf Hochtour 24

  V. Im Nebel 32

 VI. Besonderes Gelände: Karst, Gletscher, felsige Flanken 40

VII. Winterliche Touren 44

THEORIE

  I. Die Orientierungshilfen in der Natur 52

     1. Wege.. 52

     2. Markierungen, Wegweiser, Nummern, Steinmänner 58

     3. Höhe, Himmelsrichtung 62

     4. Geländeformen, Oberfläche 62

 II. Das Kartenlesen 66

     1. Welche Karte für wen? 68

     2. Was kann man von der Karte ablesen? 80

     3. Das Allerwichtigste: die Höhenlinien 81

     4. Der Höhenmesser 101

     5. Der Kompaß 102

     6. Zusätzliche Hilfen: Auskünfte gedruckt und mündlich ... 104

     7. Technische Orientierung 106

Alpine Begriffe.. 118

Vorwort

Orientierung im Gebirge — was bedeutet das für die Praxis? Welches Ziel muß eine derartige Lehrschrift anpeilen? Die Antwort liegt auf der Hand: Der Leser sollte sich in Zukunft möglichst nicht mehr verlaufen. Will der Autor hier eine erfolgreiche Arbeit leisten, dann muß er sich vorab mit der Grundfrage beschäftigen: Wer verläuft sich wo und warum? Dazu kann man etwa folgende Rechnung aufstellen:

80 % der Irrgänge durch Bergwanderer und Bergsteiger auf angelegten Wegen

10 % im weglosen Gelände

10 % bei wirklich schlechten Verhältnissen wie Nebel und Schnee.

Nicht berücksichtigt sind dabei die Skitourengeher, bei denen — bei unverspurtem Schnee — das Verlaufen gleichsam zum täglichen Brot gehört.

Vergleicht man diese Zahlen mit dem Aufbau vieler bisher erschienener Orientierungslehrschriften, dann kommt man zu einem erstaunlichen Ergebnis: Die Großzahl der Betroffenen wird überhaupt nicht angesprochen. Wir wollen deshalb in diesem Bücherl in drei Beziehungen neue Wege gehen:

a) Schrittweiser Aufbau vom Bergwandern auf Wegen bis hin zur schwierigen Orientierung bei Schlechtwetter

b) Einführung eines Kapitels für Skitourengeher

c) Verlagerung des Hauptgewichtes auf das Zurechtfinden rein nach der Karte und nicht — wie bisher fast immer üblich — auf die technische Orientierung mit Kursskizzen und dergleichen.

An dieser Stelle soll gleich einmal ein offenes und klares Wort gesagt werden: Wer die technische Orientierung dem Kartenlesen vorzieht, beweist damit einzig und alleine, daß er letzteres nicht beherrscht. Welches Armutszeugnis, wenn man bei nebelfreiem Wetter seinen eigenen Standpunkt mittels „Rückwärts-Einschneidens" bestimmen muß und ihn nicht aus der Karte ablesen kann. Und das Zurechtfinden mit einer Kursskizze oder Marschtabelle mag in den flachen Teilen der russischen Taiga erfolgreich sein, für unsere Alpen ist es — von wenigen Ausnahmen abgesehen — vollkommen ungeeignet. Denn einerseits birgt das alpine, so stark gegliederte Gelände viel zu viele Hindernisse wie Flüsse, Seen, Felsen, Abbrüche, Gletscherspalten, Dickichte, Latschenfelder usw., andererseits ist ein Kompaß kein Präzisionsgerät (wie ungenau ist alleine das Peilen!), und daher wird die Fehlerquote für ein exaktes Arbeiten viel zu hoch.

Nein, das einzig Verläßliche bei der Orientierung im Gebirge ist das exakte Kartenlesen, eine so eminent wichtige Fertigkeit, die dennoch nur von wenigen beherrscht wird. In der feinen Detailzeichnung durch die Höhenlinien (bei guten Karten!) liegt eine derartige Fülle von Einzelinformationen, daß der Kundige damit selbst in kompliziertem Gelände und bei Nebel noch mit relativer Sicherheit seine Route findet, während der Laie gleichzeitig völlig „blind" durch die Landschaft tappen würde.

Lieber Leser, diese Lehrschrift soll Ihnen vor allem helfen, tiefer in die Feinheiten des Kartenlesens einzudringen. Sie können dann ruhiger und viel sicherer im Gebirge unterwegs sein. Wer diese Kunst beherrscht und gleichzeitig vernünftig ist, der braucht sich im Gebirge wirklich nicht zu verlaufen.

Ganz wichtig ist dabei natürlich ein gutes und komplettes „Handwerkszeug". Es besteht nur aus drei Teilen: Karte, Höhenmesser und Kompaß, wobei diese Reihenfolge auch der Bedeutung entspricht. Auf alle Hilfsmittelchen zum Bestimmen der Himmelsrichtungen — wie Moos an den Bäumen, Windflüchter, Wächten wird in dieser Lehrschrift überhaupt nicht eingegangen; das sind nur unzuverlässige Spielereien.

Herbst 1989   Dieter Seibert

Praxis

Ganz bewußt steht in dieser Lehrschrift die Praxis vor der Theorie. Der Benützer soll nicht mit einer Fülle von Informationen überschwemmt werden, die für seine Art von Touren vielleicht vollkommen belanglos sind. Sobald er aber seine ganz persönlichen Probleme kennt, kann er aus dem Theorieteil des Büchleins gezielt das für ihn Interessante herauspicken. Es ist eine altbekannte Tatsache, daß man jenen Themen gegenüber, die einen hautnah berühren, aufgeschlossen ist, daß man ganz von alleine den Antrieb verspürt, sich zu informieren, etwas zu lernen. Bei diesen praxisnahen Problemen bleibt das Gelernte auch haften, wird zum inneren Besitz und steht einem im Bedarfsfall stets zu Diensten. Das rein Theoretische hingegen verblaßt nur allzu schnell und wird einem dann in der Not nicht helfen.

I. Ein paar Worte vorab

Lieben Sie Unsicherheiten und Umwege, nehmen Sie gerne unnötige Mühen auf sich, begeben Sie sich freiwillig in Gefahr? Dumme Fragen, wird hier die einstimmige Antwort lauten. Und dennoch — viele Bergwanderer und Alpinisten verhalten sich (nicht bei der Orientierung) derart naiv und gedankenlos, daß diese Fragen durchaus berechtigt sind. Liebe Leser, schauen Sie sich die Tips und Thesen dieses einleitenden Kapitels genau an. Ein Vorausplanen, ein vorheriges Durchdenken der geplanten Tour und ein bewußtes Verhalten unterwegs — natürlich verbunden mit dem entsprechenden Wissen und einer Portion Vernunft — lassen die alpine Kinderkrankheit „Verirren" fast völlig verschwinden.

1. Vorher. Je besser man Bescheid weiß, desto einfacher und ungefährdeter läßt sich das Geplante anpacken. Das gilt natürlich für alle al-

Der Zugang von der Tschechischen Hütte zum Grintavec (2558 m, Hauptgipfel der Steiner Alpen) führt von rechts unten durch die Flanke in den Sattel. Man erkennt hier höchst eindrucksvoll, in welches unbegehbare Gelände man geraten kann, sobald man wegen der Schneeflecken die richtige Route verpaßt.

pinen Bereiche. „Vorab informieren", was heißt das in diesem Fall? Schon vor der Tour, zu Hause, in der Hütte, im Ferienquartier, geht man die geplante Route in Gedanken einmal durch, und zwar anhand der Karte, des Führers, von Artikeln — was einem eben an Informationsquellen zur Verfügung steht. Man wird dann zum Beispiel feststellen, daß der Weg ein Nordflanke in 2300 Meter Höhe quert. Da taucht von selbst die Frage auf: Bildet der Schnee jetzt, Anfang Juli, nicht ein gefährliches Hindernis? So kann man, vor der Tour, noch Erkundigungen einziehen, sich, falls notwendig, mit einem Eispickel ausrüsten oder sich eine andere Route ausknobeln. Der Gedankenlose aber läuft einfach daraufslos, steht dann völlig überraschend vor diesem Hindernis und muß schließlich, weil es vielleicht schon Spätnachmittag ist und ein Rückzug allzu weit wäre, mehr wagen, als es seinem Können entspricht.

Auf eine Schwierigkeit, die ich kenne, kann ich mich einstellen; ich kann ihr auch aus dem Weg gehen. Eine bekannte und erkannte Gefahr ist nur eine halbe Gefahr.

2. Unterwegs. Auch hierfür einen Leitsatz: Immer Bescheid wissen! Eine wahre Geschichte als Beispiel: Wir stiegen an einem Sommertag mit Nebel und leichtem Schneefall von der Vittorio-Emanuele-Hütte (Gran-Paradiso-Gebiet) hinauf zur Tresenta (3609 m). Drei andere Bergsteiger folgten unseren Spuren. Auf dem Gipfel angekommen, fragten sie uns, ob wir nun auf dem Gran Paradiso (4061 m) ständen. Ihnen war nichts aufgefallen, nicht, daß wir bei der Hütte, wo noch kein Nebel herrschte, bereits in einer um neunzig Grad anderen Richtung starteten, nicht, daß wir in einem für sie völlig falschen Tal unterwegs waren, nicht der so unterschiedliche Charakter der beiden Touren, nicht die Höhendifferenz von immerhin 450 Metern!

Sehen wir einmal von den allergrößten und gut beschilderten Wegen wie etwa Hüttenaufstiegen ab, so gilt: wir sollten unterwegs immer Bescheid wissen, wo wir gerade sind, wie das Wegstück vor uns aussieht, auf was wir besonders achten müssen. Lieber die Karte zu oft als zu selten zu Rate ziehen! Dazu noch ein paar weitere Grundsätze:

● Nie mit dem Gedanken weitergehen: Es wird schon richtig sein. Hier darf es kein Mutmaßen, Ahnen und Glauben geben, sondern nur vollkommene Gewißheit durch Information (aus der Karte usw.).

● Lieber für das Herumsuchen (zum Beispiel wo der Weg jenseits des Schneefeldes weiterführt) etwas Zeit opfern, als „auf Verdacht" einfach in einer bestimmten Richtung weitermarschieren.

● Nach dem Erkennen eines „Verhauers" ist es in den meisten Fällen ungleich klüger, zum letzten richtigen Punkt zurückzukehren, als quer durch das Gelände zu gehen, um damit den Fehler auszubü-

Hartgefrorene Schneefelder können für den Bergwanderer zu unüberwindbaren Hindernissen werden.

geln. Letzteres kostet fast immer mehr Zeit, Kraft und Mühe, ja, es führt oft zum gänzlichen Verirren. Wie viele Unfälle hat es durch derartige Versuche alleine in der Watzmann-Ostwand gegeben!

3. Nachher. Am Abend läßt man den verflossenen Tourentag nochmals in aller Ruhe im Geiste Revue passieren. Was war ungeschickt? Wie kam es dazu? Was sollte man beim nächsten Mal besser machen?

13

II. Auf guten Wegen zu bekannten Zielen

In diesem Kapitel geht es um die üblichen Touren der Bergwanderer auf ordentlichen, markierten und beschilderten Wegen zu den beliebten und vielbesuchten Zielen. Hier ist die Mehrzahl der Bergfreunde unterwegs. Um so erstaunlicher, daß über die Wege nur ganz ausnahmsweise etwas in alpinen Lehrbüchern steht. Glauben die Zuständigen etwa, daß sich dort nie jemand verirrt?

1. Hilfen. Wanderkarte und Führer.

2. Vorher. Die Tour ist vorher durchzudenken, zu überlegen, ob die herrschenden Verhältnisse (Wetter, Schneefelder, Neuschnee, Nässe) das Geplante zulassen, der Zeitaufwand ist zu errechnen, anhand von Karte und Führer sollte die Route in Gedanken schon einmal durchgegangen werden.

3. Unterwegs. Die Meinung, ein Steig bringe jeden prompt und sicher zum Ziel, ist ziemlich naiv. Auch auf den allergrößten Wegen gibt es zwei „Gefahrenmöglichkeiten": Verzweigungen und Unterbrechungen. Die häufigste Sünde ist die Gedankenlosigkeit. Mancher läuft an einer Abzweigung einfach vorbei, sieht sie gar nicht, bleibt stur auf dem größeren Weg oder auf der Route, die geradeaus führt. Das passiert vor allem im Wald, wo die Schilder nicht so auffallen, oft etwas neben dem Weg an den nächsten Baum genagelt sind. Der Bergsteiger sollte unterwegs die Augen immer offen halten, alles um sich her registrieren und stets ganz bewußt handeln, sich zum Beispiel bei jeder Weggabelung wirklich klar machen, was richtig und was falsch ist.

Selbst bei Wegweisern, sobald sie das eigene Ziel nicht vermerken, sollte dieses bewußte Überlegen beachtet werden. Nur allzu leicht sagt einer: „xy-Scharte, dort müssen wir vorbeigehen", und er merkt dann viel zu spät, daß sein Ziel ja gar nicht über der xy-Scharte, sondern über der xz-Scharte liegt. Deshalb: tauchen auch nur die geringsten Zweifel auf, muß immer die Karte zu Rate gezogen werden.

Eine wesentlich größere Gefahr aber sind die Wegunterbrechungen, wie es sie auf Almwiesen, auf Fels (Platten, Gletscherschliffe) und auf Schneefeldern gar nicht so selten gibt. Sturheit wäre hier vollkommen unsinnig: Man muß die Fortsetzung des Weges ganz bewußt so lange suchen, bis man sie gefunden hat. Dazu zwei Beispiele:

Gerade im Geröllfeld lernt man die Hilfe eines gut angelegten Weges schätzen. Nordanstieg zum Hochstuhl (2238 m) in den Karawanken.

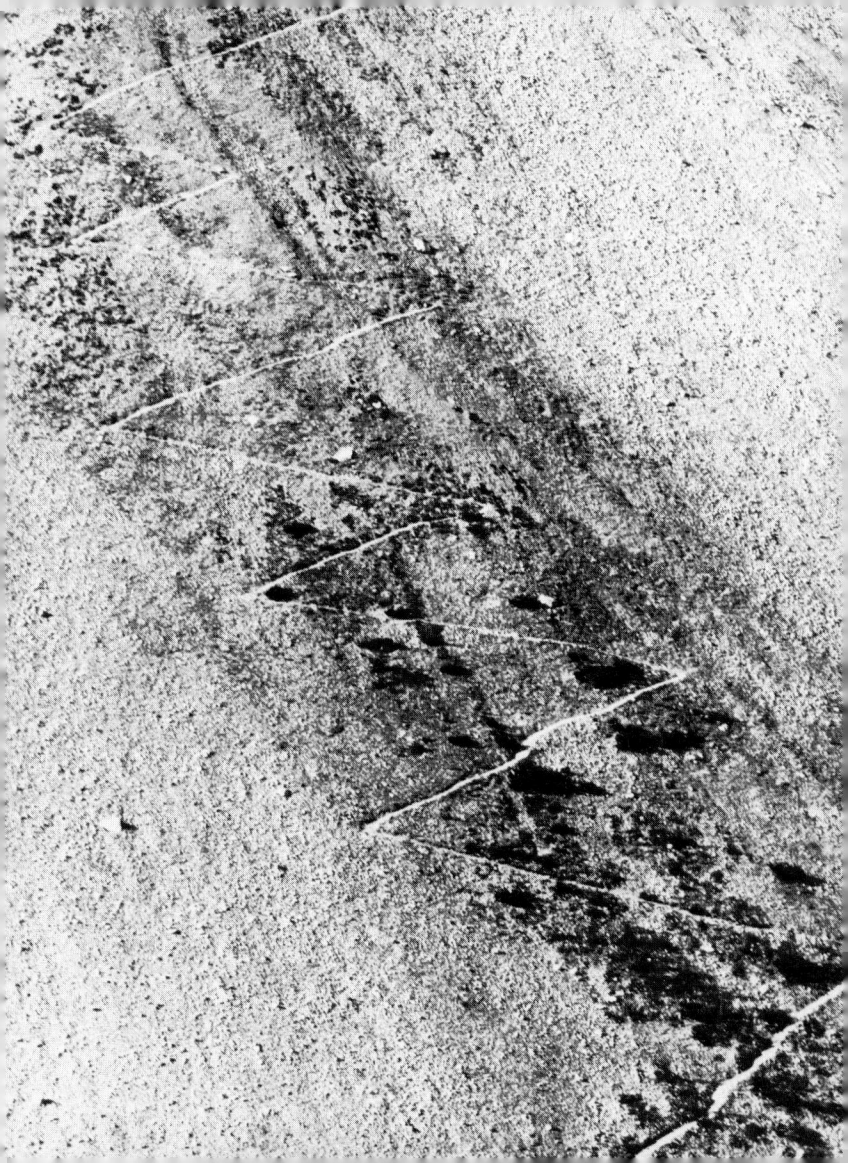

- Der Weg ist auf einer vom Wald eingeschlossenen Almwiese unkenntlich geworden. Die Karte gibt einen groben Hinweis, wo am gegenüberliegenden Waldrand der Weg wieder zu suchen ist. Man überquert dann die Wiese so tief, daß die Wegfortsetzung auf jeden Fall oberhalb liegt (das spart ein Hin und Her). Jetzt wandert man am Waldrand entlang aufwärts, bis man wieder auf den Steig trifft.
- Unser Weg führt durch eine breite Rinne aufwärts, die noch tief unter dem Frühsommerschnee begraben liegt. Ist man zu mehreren unterwegs, dann teilt man sich und sucht beim weiteren Aufstieg beide Ränder der Schneerinne ab. Einem Alleingänger ist das natürlich nicht möglich; er wird in der Rinnenmitte bleiben und beide Seiten scharf im Auge behalten. Kann er auf diese Entfernung irgendetwas nicht exakt erkennen, dann sollte er unbedingt zum Rand hinübergehen und genau nachschauen. Nichts ist ärgerlicher, als an der richtigen Abzweigung vorbeizulaufen und dann wieder umkehren zu müssen. Das passiert besonders oft beim Abstieg, wo mancher Eifrige in der Freude über das Hinunterrutschen (oder im Winter beim Abfahren) blind vorübereilt und dann fluchend wieder heraufsteigen muß.

Eine Warnung: Manche Wanderkarten sind allzu großzügig in der Eintragung von Wegen. Da erscheint vieles als verlockende rote Linie, was in Wirklichkeit nur ein undeutlicher, oft unterbrochener Pfad ist. Ja, manche eingetragene Route gibt es überhaupt nicht! Andere Karten wiederum haben keinerlei Kennzeichnung für die Klettersteige; sie sind dann dort wie normale Wege eingezeichnet.

Nun noch zu einem Detail: Es gibt zweierlei Arten von Abkürzungen. Manchmal werden die Serpentinen eines Weges im Steilgelände von Trampelpfaden abgeschnitten, die von Absteigenden, die es besonders eilig hatten, ausgetreten wurden. Die kann natürlich jeder, der die nötige Geschicklichkeit besitzt, ausnützen. Etwas anderes jedoch sind jene scheinbar sinnlosen Schleifen, die ein Weg manchmal beschreibt. Der Unerfahrene läßt sich leicht verleiten, auch hier eine Abkürzung zu probieren. Doch sind diese Schleifen nahezu immer ganz logisch, werden vom Gelände zwingend vorgeschrieben; der Benutzer des Weges kann das entsprechende Hindernis jedoch nicht vorher sehen und erkennen. Das Foto zeigt ein ganz typisches Beispiel.

Oben: Die obere Gemse steht auf dem Weg. Unter dem dicken Altschnee ist er unmöglich zu erkennen und zu finden.
Unten: Die Vogelschau zeigt das von der Hütte aus unsichtbare Hindernis, das den Weg zu dieser scheinbar sinnlosen Schleife zwingt. Schönwieshütte im Rotmoostal bei Obergurgl.

III. Stille Bergfahrten auf kleinen Steigen

Sobald man sich für seine Touren kleinere Wege aussucht, durch stillere Gebiete streift, wird die Orientierung um Stufen anspruchsvoller. Nur wer seine Karte zu lesen versteht, kann sich auch hier noch zuverlässig zurechtfinden. Dabei wird er in der Waldregion größere Schwierigkeiten haben als im freien Gelände, das ja ungleich übersichtlicher ist.

1. Hilfen. Topographische Karte oder Alpenvereinskarte, Höhenmesser, Kompaß, Führer (gerade diese Touren sind jedoch in den Führern oft nur unzureichend oder gar nicht berücksichtigt).

2. Vorher. Hier gilt in verstärktem Maß, was bereits im vorherigen Kapitel angesprochen wurde. Die Tour ist mit Sorgfalt zu planen; die Verhältnisse wie Wetter oder Schneelage, aber auch der voraussichtliche Zeitaufwand sind in die Überlegungen einzubeziehen. Gehen Sie z.B. an Hand der Karte die Tour vorher durch.

3. Unterwegs. Über eines muß man sich klar sein: Auch auf einer guten Karte sind nicht alle Steige eingezeichnet. Man darf sich also z.B. nicht blind darauf verlassen, daß der erste Weg, der rechts abzweigt, auch wirklich der gesuchte ist. Zudem kann man gerade die Abzweigung kleiner Steige von größeren Wegen leicht übersehen (wenn es kein Schild gibt), da die Hauptwege oft aus vielen nebeneinander herlaufenden Trampelspuren bestehen und dadurch unübersichtlich werden. (Kartenbeispiele siehe Seite 20.)
Wer alle Irrtümer vermeiden will, der muß bewußt unterwegs sein. Da auch für die Kapitel IV, V und VII das gleiche gilt, soll dieser Begriff hier an einem Beispiel ausführlicher erklärt werden. „Bewußt unterwegs sein", damit soll gesagt werden, daß man ständig weiß, wo man sich gerade befindet, wie das nächste Wegstück aussieht, auf was man dann achten muß. Tauchen Zweifel auf, studiert man so lange die Karte, bis das Problem wirklich gelöst ist. Das setzt natürlich schon eine gute Portion Können im Kartenlesen voraus. (Kartenbeispiel siehe Seite 22.)

Kleiner Steig in den Dolomiten. Schon mancher Unaufmerksame ist von einem Weg dieser Größe abgekommen und hat sich ernsthaft verlaufen.

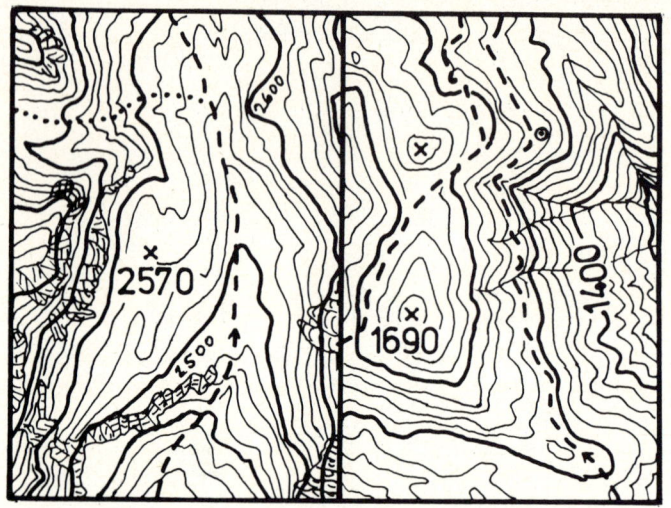

Die richtige Abzweigung. An dieser Stelle soll erstmals innerhalb unserer Lehrschrift ein Bereich der Orientierung anhand einer Kartenskizze erklärt werden. Über alles Grundlegende zur Fertigkeit des Kartenlesens informieren Sie sich bitte im Theorie-Kapitel (ab Seite 68). Um die angeschnittenen Themen ordentlich zu behandeln und um zu zeigen, wie ungeheuer viele Details in einem guten Kartenbild stecken, die uns alle weiterhelfen können, sind die einzelnen erklärenden Texte relativ ausführlich gehalten. Wir haben zudem jeweils eigene Skizzen gezeichnet, um das Allerwichtigste, nämlich die Höhenlinien, hervorzuheben. Die üblichen Karten enthalten natürlich noch eine Fülle weiterer Details wie Bäche, Seen, Waldränder usw. Unsere Kärtchen haben alle den Maßstab 1 : 25 000.

Linkes Kärtchen. Unsere Aufgabe: In dem hier dargestellten Tal müssen wir jene Stelle finden, wo vom Hauptweg ein kleiner, anfangs kaum zu erkennender Pfad abzweigt.

Vorab gewissermaßen die Grobarbeit – wie erkenne ich den entsprechenden Abschnitt des insgesamt ja sehr viel längeren Tales. Dazu zwei Hilfen:

20

- an der Höhe;
- am Gelände; der Hauptweg führt, vom südlichen Kartenrand kommend, unterhalb eines Felsstreifens über eine Talstufe und erreicht in 2480 m Höhe einen flachen Boden; diese Talschwelle ist unverwechselbar. Von dort sind es noch 800 m Entfernung und 60 m Höhe zur Abzweigung, also gut 15 Min. Gehzeit.

Nun fünf Details zur Bestimmung der genauen Abzweigstelle:

- die Höhe beträgt ~~2450~~ m; *2540 m*
- das vorher schmälere Tal erweitert sich zu einem kleinen Boden;
- gut 100 m vor einem, im Norden, verzweigt sich das Haupttal;
- von Westen kommt ein Nebental herab, das im oberen Teil deutlich ausgeprägt ist, im unteren jedoch nur als tief eingeprägter Graben erscheint;
- genau im Osten bilden die Hänge 60 m oberhalb einen ganz auffallenden Vorsprung.

Alle Details sind deutlich aus der Skizze herauszulesen.

Schauen Sie nur genau hin! Ein Detail alleine mag für das Zurechtfinden nicht ausreichen. Doch die hier angedeutete Fülle von Hinweisen erlaubt eine absolut zuverlässige Orientierung.

Rechtes Kärtchen. Unsere Aufgabe: Wir kommen auf dem Weg von rechts vorne (Südsüdost) und wollen den Gipfel 1690 besteigen. Nehmen wir dazu an, daß der Nordostrücken mit dichten Latschen überwuchert ist und als Route nicht in Frage kommt. Nun müssen wir die Karte studieren, welche andere Möglichkeit offensteht. Da die Osthänge des Gipfels steil und von Bachläufen zerfurcht sind, wollen wir weiterhin dem Weg folgen und zwar quer durch die Hänge bis zu der mit einem Ringerl gekennzeichneten Rippe, um von dort aus pfadlos den oberen Weg und schließlich über den Nordrücken unser Ziel zu erreichen.

Wie erkennen wir nun die gesuchte Abzweigung auf der Rippe? Unser Weg überschreitet bei der Querung der Westhänge zwei tief eingeschnittene Bachläufe und kommt dann zu einem dritten. Wie man an den Höhenlinien sieht, biegen hier die Hänge um 90° um. Nach diesem wirklich markanten Knick sind es dann noch 200 m Entfernung – also etwa 3 Min. – bis hinaus auf unsere Rippe. Noch ein wichtiges Merkmal für diese Stelle: Die Hänge sind erstmals wieder deutlich flacher.

Der Weiterweg ist klar: geradeaus empor, bis wir nach 70 Hm (Hm = Höhenmeter), also gut 10 Min., auf den oberen Weg treffen. Auf ihm wandern wir links in den weiten Gratsattel – eine wohl für jeden erkennbare Stelle –, verlassen hier den Weg wieder und steigen über den Rücken auf den Gipfel.

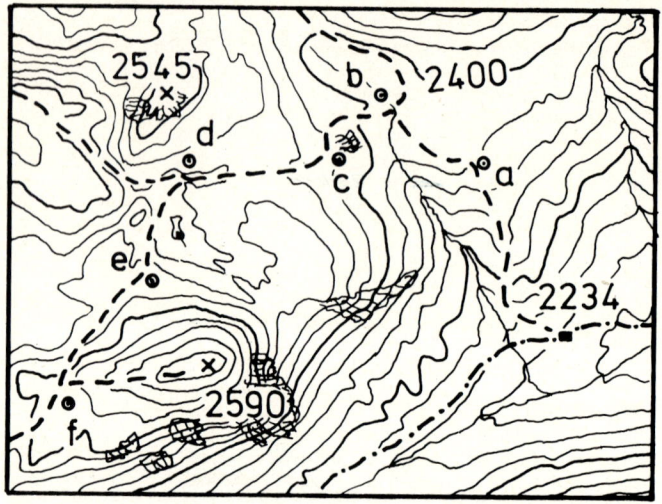

Bewußt gehen. Unsere Aufgabe: Wir wollen von der Alm 2234 aus über den Steig den Gipfel 2590 erreichen.

Die Situation: Es herrscht mäßiges Wetter; immer wieder hüllen uns Nebel für eine gewisse Zeit ein. Die Pfade sind klein und wenig ausgetreten, sie werden zudem von Zeit zu Zeit auf den Matten unsichtbar, wie das ja im Almgelände häufig vorkommt. Zudem sorgen Viehsteige für Verwirrung.

Um bei diesem Bedingungen unser Ziel sicher zu erreichen, werden wir den Aufstieg mit Hilfe der Karte „bewußt gehen", nur so fallen Unstimmigkeiten rechtzeitig auf, und wir werden von Irrwegen verschont (die in einem so sehr gegliederten Gelände zu hoffnungslosen Situationen führen können). Der Weg wird in viele kurze Abschnitte eingeteilt. Jeder dieser Abschnitte sollte an einer markanten und möglichst unverwechselbaren Stelle enden, wie einer Geländeschwelle, an einem Bach, einer Wegverzweigung usw. Wir gehen dann folgendermaßen vor: Bei der Alm studieren wir die Karte genau, merken uns das Charakteristische und überlegen uns einen Endpunkt für diese erste Etappe. Bei Punkt a) wiederholen wir das gleiche, usw.

Hier nun das Typische für die einzelnen Abschnitte:

Bis Punkt a): Über mittelsteile Hänge etwa parallel zum Bach ziemlich direkt empor zur auffallenden Geländeschwelle in 2380 m Höhe (Beginn eines flachen Bodens). 150 Hm, Gehzeit etwa 25 Min.

Bis Punkt b): Nahezu eben zum Bach, Verzweigung unmittelbar am Wasser. Ist in diesem Bereich der Weg schlecht zu erkennen, dann hält man sich gleich stark links, um längs des Baches die Verzweigung zu suchen. 400 m, Gehzeit 6 Min.

Bis Punkt c): Der Steig führt in einem Bogen auf die Rückseite eines Miniköpfchens. 30 Hm, Gehzeit 5 Min.

Bis Punkt d): Zwischen c) und e) ist das Gelände stark in Kleinformen aufgegliedert, was bei schlechter Sicht das Zurechtfinden stark erschwert. Bei Nebel wird man deshalb mit dem Kompaß die Richtung kontrollieren, um in das kleine Tälchen bei d) zu treffen. Bei ausreichender Sicht genügt es, sich an die tiefste Senke zu halten. 500 m, Gehzeit knapp 10 Min.

Bis Punkt e): Zwischen einem Miniköpfchen rechts und einem kleinen Kessel (am Pfeil zu erkennen) links hindurch und in der gleichen Richtung weiter bis an den Fuß der kräftig steigenden Hänge. 400 m und 40 Hm, Gehzeit 7 Min.

Bis Punkt f): Fast eben parallel zu den Steilhängen nach rechts, dann über eine kurze Stufe auf die ganz ausgeprägte Westschulter des Gipfels in 2510 m Höhe. Diese Schulter fällt durch ihren breiten, fast ebenen Boden auf. 500 m und 40 Hm, Gehzeit 8 Min.

Auf den Gipfel: Stets genau auf dem Rücken zum höchsten Punkt hinauf. 80 Hm, Gehzeit knapp 15 Min.

Bei dieser Methode darf es nie ein „es wird schon stimmen" geben! Man muß sich stets voll von der Richtigkeit überzeugen, lieber noch einmal genau auf die Karte schauen, Höhenmesser und Kompaß zu Rate ziehen, die Umgebung noch intensiver betrachten, eventuell herumsuchen. Lieber mehr Zeit verbrauchen, als einen Irrweg riskieren!

In derartig nüchternen Worten klingt das alles theoretisch und umständlich. Man kann jedoch eine Methode, die auf sehr feinen Details aufbaut, unmöglich mit wenigen Worten erklären. Nur so kann dem Neuling nahegebracht werden, auf welche Einzelheiten es hier ankommt, daß z. B. manchmal die Krümmung einer einzigen Höhenlinie Wichtiges auszusagen vermag.

Deshalb hier noch einmal die beiden wichtigsten und grundlegenden Forderungen nicht nur für das „bewußte Gehen" sondern für jegliches Kartenlesen: Immer ganz genau hinschauen und bei Unstimmigkeiten so lange knobeln, bis man den Fehler entdeckt hat.

IV. Im weglosen Gelände und auf Hochtour

Ich persönlich empfinde das pfadlose Gehen, das Erreichen eines Gipfels auf eigener — möglichst auch von mir selbst ausgeknobelter — Route als Krönung der Bergsteigerei. Je höher und unbekannter der Gipfel, desto seltener werden sowieso die angelegten Steige, desto stärker tritt das Individuelle, das Können — auch bei der Orientierung — in den Vordergrund. Sich auch in einem noch unbekannten Gebiet ohne alle Wege zurechtzufinden, gibt ein befriedigendes Gefühl und läßt einen sogar in der Fremde schnell heimisch werden. In diesem Kapitel wollen wir uns ganz auf die freie Hochregion konzentrieren. Im Waldgürtel ist das pfadlose Gehen nämlich nur selten sinnvoll, der Wald raubt meist die Übersicht, das Weiterkommen wird durch Unterholz, weichen Boden, umgestürzte Bäume usw. erschwert. Auch gibt es hier ja fast überall ordentliche Wege, und es wäre schon eine Art von Fanatismus, pfadlos emporzusteigen, wenn man es auch bequemer haben kann.

1. Hilfen. Topographische Karte oder Alpenvereinskarte, Höhenmesser, Kompaß, Führer.

2. Vorher. Zuerst eine Klarstellung: die folgenden Ausführungen beziehen sich ausschließlich auf das Gehgelände. Im Felsbereich nützt einem auch die beste Karte nichts; dort kann man sich nur nach den Führerbeschreibungen und dem eigenen „Blick für das Gelände" zurechtfinden.
Das Ausknobeln eigener, sinnvoller Routen verlangt eine gute Portion Übung im Kartenlesen. Wer die Sache ungeschickt anpackt, wird bestimmt früher oder später irgendwo „steckenbleiben", zum Umkehren gezwungen werden oder gar in ernste Bedrängnis kommen. Hier das Grundlegende:
a) Die *Begehbarkeit einer Route* ist natürlich die allererste Voraussetzung. Dabei sind es nicht nur die großen Felsabbrüche, die den Weiterweg versperren können, sondern auch Schluchten und Klammen, grö-

Ein Berg ohne Weg: Der Gurgler Kirchenkogel (3282 m, Ötztaler Alpen). Auf einer einzigen Route ist das Durchkommen einfach. Bei der schlechten Übersicht von oben, mehr noch bei Nebel ist sie im Abstieg wirklich nicht so ohne weiteres zu finden.

ßere Bäche, Sümpfe, die steile Seite von Moränen, dichte Latschenfelder und anderes. Man muß seine Karte schon ganz genau studieren, um alles richtig zu erkennen, um auch die kleinen Hindernisse nicht zu übersehen.

b) Das zweite Kriterium ist das Auffinden der *bequemsten Möglichkeit*. Unterwegs muß man sich immer wieder wundern, wie ungeschickt mancher bei der Wahl seiner Route ist, wie mühevoll er sich emporschindet, obwohl es an anderer Stelle viel bequemer ginge. Meist gibt die Karte über die Begehbarkeit viel besser Auskunft als das Anschauen. So kann man sich auch in dieser Beziehung seine Route schon zu Hause zurechtlegen. Vor allem wird man darauf achten, nicht in zu steiles Gelände zu geraten, denn das kostet Kraft und Mühe. Ferner ist die Gliederung eines Hanges oder Bodens von Bedeutung; ein stark gewelltes, von Bachläufen zerfurchtes Gelände bereitet natürlich weit mehr Plage als ein glattes. Und auch die Oberflächenbeschaffenheit ist wichtig. Im Kalk wird man vor allem die Geröllfelder meiden — jeder kennt ja diese Plackerei — und auch, wie schon erwähnt, die Latschenzonen; in den Zentralalpen sind es die Blockfelder in den Steilhängen mit ihren oft wackeligen und deshalb auch nicht ganz ungefährlichen Steinen und Felsbrocken, die man meiden sollte (während Blöcke in den flachen Böden meist ziemlich fest liegen und damit ein durchaus abwechslungsreiches — aber zeitraubendes — Gehen erlauben). Sehr unangenehm können auch die Zonen mit Gebüsch und Strauchwerk sein, auf die man am Waldrand, in Lawinenstrichen, an Bachrändern usw. trifft.

c) *Der lohnendste Weg.* Ja, es gehört auch dazu, sich die schönste und interessanteste Route auszuwählen, was jedoch auch Erfahrung und Fingerspitzengefühl erfordert. Dazu ein paar Tips: Grate und Rippen bieten einen schöneren Überblick als Täler und Mulden; Wände und Gipfel wirken von gegenüber imposanter als von unten; besonders malerisch sind fast immer Bergseen und Bäche in der Hochregion . . .

Noch etwas Grundsätzliches: Man sollte sich die Route immer in ihrer ganzen Länge genau ausknobeln, sie exakt festlegen, jedes Detail auf der Karte berücksichtigen. Bleiben irgendwelche Fragen offen, die man erst an Ort und Stelle klären kann (etwa die Begehbarkeit einer Steilstufe), dann wird man sich gleich vorher um Alternativen kümmern.

Die Kärtchen a – d zeigen verschiedene Hindernisse, das fünfte (Seite 28) eine Route im weglosen Gelände.

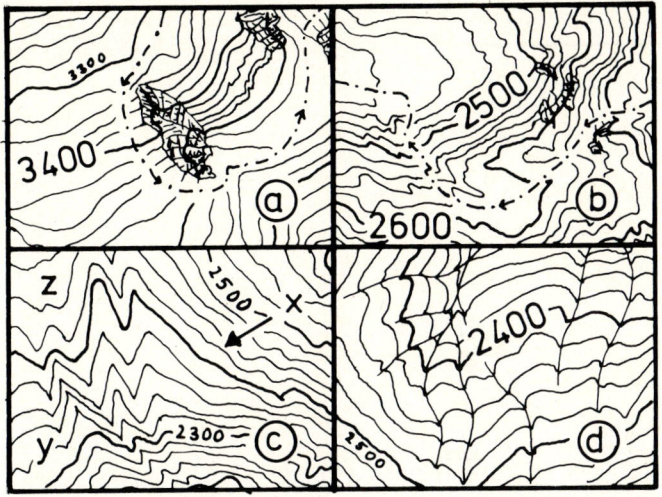

Richtige Routenwahl nach der Karte.

Kärtchen a) ist ein gutes Beispiel dafür, wie unmißverständlich uns die Karte informiert. Der von Norden Kommende hat plötzlich den sehr steilen (Gletscher)Aufschwung über sich. Auf der Karte erkennt er sofort die gute Umgehungsmöglichkeit hinter dem vorspringenden Felssporn. In der Natur hingegen verstellt dieser Sporn ja völlig den Blick. Man müßte nach einer Möglichkeit suchen.

Kärtchen b): Das bei a) angeschnittene Problem zeigt sich hier in einer noch viel ausgeprägteren Form. Der von Osten Kommende will über die hohe Stufe ins Tal absteigen. Ein Blick auf die Karte läßt sofort die verhältnismäßig gute Route erkennen, die nur im allerletzten Stück etwas steiler ist. Ohne Karte hingegen wüßte man schon beim ersten Boden nicht, ob man sich nach Nordwesten oder nach Südwesten wenden soll. Man müßte zudem immer wieder an vorspringende Kanten hinaustreten, um zu schauen, und wäre sich doch seiner Sache nie so ganz sicher. Bei richtigem Kartenlesen spart man sich das Herumsuchen oder gar einen Wiederanstieg nach einem Irrweg. Viele Leser haben bestimmt schon bittere Erfahrungen in dieser Beziehung gesammelt.

27

Kärtchen c): Diese Skizze zeigt im linken Teil zwei parallele Moränenkämme, die unterhalb von 2400 m teilweise ausgesprochen
scharf ausgeprägt sind. Jeder Westalpengeher weiß, daß die Flanken derartiger Moränenkämme unbegehbar sein können. Ein Bergsteiger, dessen Route von x nach y führt, wird bei einem direkten
Weg (Pfeil), den er ja ganz automatisch einschlagen würde, in echte
Bedrängnis kommen. Der Informierte dagegen hält sich bereits bei
x stark nach rechts, um die Moränen im Bereich von z zu queren
und dann mühelos nach y abzusteigen.

Kärtchen d): Verfolgen Sie einmal die 2400er-Höhenlinie ganz genau. Sie quert acht Bachläufe, und jedes der Bächlein hat eine tiefe
Furche in das offenbar sehr weiche Gestein gefressen. Das Über-
queren von acht derartigen Gräben wäre eine höchst unerquickliche
Angelegenheit. Wer das rechtzeitig erkennt, der kann eventuell seine Route von Anfang an günstiger legen.

Die Route nach der Karte. Unsere Aufgabe: Von dem im Kar lie-
genden Kopf 2626 aus wollen wir den Gipfel 3099 besteigen. Da wir
keine Kletterer sind, soll die Route durch felsfreies Gelände führen.
Was wir in der Natur (nicht) sehen: Zweifellos würde der Nicht-
Kartenbesitzer das Kar östlich unter dem Gipfel anpeilen; vom
Punkt 2626 aus erscheint es als die logischste Möglichkeit. Von dort
wäre jedoch der Weiterweg nur durch eine der beiden supersteilen
(bei dieser Höhe wohl schneegefüllten) Rinnen zu a und b möglich,
käme aber für einen Nichtkletterer keinesfalls in Betracht. Die richtige Möglichkeit, das Kar nordöstlich unter dem Punkt 3093, ist
von unten nicht zu erkennen, da es sich hinter den Felsen verbirgt.

Die Route nach der Karte: Hier haben wir gleich für den ersten Teil
des Weges ein Beispiel, wie notwendig ein exaktes Studieren der
Karte ist. Zum Nordostkar des Punktes 3093 führen zwei felsfreie
Hänge. Beim flüchtigen Hinschauen scheint die breite, östliche Einbuchtung den logischen Anstieg zu bieten. In Wirklichkeit jedoch
weist diese Einbuchtung zwischen 2760 und 2820 m Höhe eine sehr
steile Stufe auf. Die langgestreckte westliche Mulde hingegen läßt
sich relativ gut begehen.

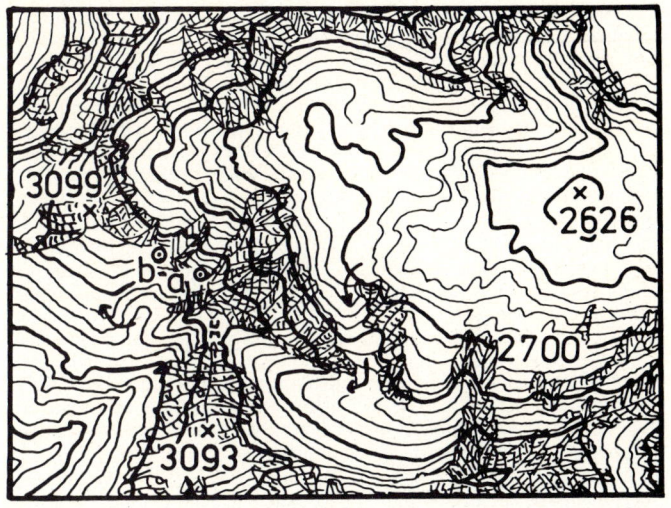

Der Weiterweg durch das schmale Kar in die Scharte zwischen den Punkten 3093 und a ist klar vorgezeichnet. Den Grat, der von hier zu unserem Ziel weiterführt, versperrt jedoch ein Felsriegel. Wir sind also gezwungen, diesen Gratteil westlich zu umgehen. Auch hier zeigt die Karte die beste Möglichkeit: Knapp nördlich der Scharte mündet eine ausgeprägte Rippe auf den Grat; über sie müssen wir 60 Hm in das sackförmige Minikar absteigen. Um anschließend die recht steilen Hänge zu vermeiden, die aus dem Kar nach Norden und Nordwesten (unsere eigentliche Richtung) ansteigen, holen wir etwas nach links (Westen) aus und können dann direkt über die Hänge den Gipfel erreichen.

Eine Routenbeschreibung in einem Führer würde für diese Tour etwa so lauten: Vom Punkt 2626 über den welligen Boden nach Westsüdwest, bis sich links eine schmale, steil ansteigende Mulde öffnet. Durch sie empor in das Nordostkar des Gipfels 3093 und durch ein schmales Kar auf den Grat. Drüben über eine Rippe abwärts in ein Kar. Nach links aus diesem Minikar und dann beliebig über die Hänge zum Gipfel. Knappe 2 Std., Gehgelände ohne Kletterei.

3. Unterwegs. Vor allem gilt hier natürlich das, was wir im letzten Kapitel mit „bewußt unterwegs sein" erklärt hatten (Seite 18 und 22). Man darf sich dann auch durch den Anblick in der Natur nicht irre machen lassen. Die Karte ist objektiver als das menschliche Auge! Können wir z.B. die eingezeichnete und für unseren Aufstieg ausgewählte Rampe an dem Hang gegenüber nicht erkennen, dann liegt das immer an unserer Perspektive, am herrschenden Licht und dergleichen. Eine gute Karte weist bei der Geländedarstellung nie größere Fehler auf (nur bei Gegebenheiten, die sich verändern, wie Gletscher, Wege, Lichtungen etc. kann sie weniger zuverlässig, genauer gesagt, überholt sein).

Das menschliche Auge hingegen unterliegt doch manchem Irrtum:

● Von gegenüber schaut ein Hang zu steil, von unten zu flach aus.

● Einschnitte wie Schluchten lassen sich bei diffusem Licht manchmal nicht erkennen.

● Abbrüche und Steilstufen in einem Hang kann man von oben nicht wahrnehmen.

Der Bergsteiger im weglosen Gelände muß unbedingt schon beim Aufstieg an den **Rückweg** denken. Wie oft kommt es vor, daß einer seine eigene Route im Abstieg nicht wiederfindet. Das bräuchte wirklich nicht zu sein. Man sollte sich dreierlei angewöhnen:

a) Schon beim Hinweg prägt man sich alle entscheidenden Wegstellen, Abzweigungen, Richtungsänderungen usw. ein. Die typische Form eines Felsens, eines Baumes, ein Tümpel, ein Schneefleck und vieles andere mag dabei als Gedächtnisstütze dienen.

b) An vorspringenden Punkten, Geländekanten usw. dreht man sich immer wieder einmal um und verfolgt das letzte Stück des Weges mit den Augen zurück. In einem um 180° veränderten Blickwinkel schaut manches ganz anders aus!

c) In stark gegliedertem, unübersichtlichem Gelände aber reicht das Sich-Merken nicht. Dort muß man die Route regelrecht markieren, und zwar mit Steinmännern. Lieber einen zu viel als einen zu wenig aufschichten! Irrwege oder Herumsuchen erfordern viel mehr Kraft und Zeit als das Aufeinanderlegen von ein paar Steinen (siehe auch Seite 63).

Das Verhalten bei Schnee und die Zuverlässigkeit von Spuren wird ausführlich im Winterkapitel (Seite 44 ff.) behandelt. Wir wollen uns deshalb hier eine Vorwegnahme sparen.

Die meiste Erfahrung und viel Können im Kartenlesen aber setzt ein **Abstieg in unbekanntes Gelände** voraus. Das hat einen ganz klaren Grund: von oben sieht man nur die Flachstellen, aber die Abbrüche bleiben verdeckt. Auch dazu zwei Tips:

*Hier haben wir ein sehr eindrucksvolles Beispiel, in welch steile Abbrüche die
sanftesten Hänge übergehen können. Die Rötenspitze bei Obernberg (Stubaier
Alpen), auf der Terrasse die Skiabfahrt vom Muttenjoch (knapp links außerhalb
des Bildes).*

a) Man darf einen Abstieg ins Unbekannte nur dann antreten, wenn
man von der Karte oder aus dem Führer weiß, daß ein Durchkommen
gewährleistet ist. Wer setzt sich schon gerne selbst in eine schlimme Falle oder steigt am Abend wieder weit empor, um einen Durchschlupf zu
finden?! Viele Karwendelkare sind als derartige Fallen berühmt und
berüchtigt, brechen diese Kare doch mit hohen Felsstufen in die Täler
ab.

b) Den besten Überblick über das Gelände unter einem gewinnt man
von weit vorspringenden Ecken und Kanzeln. Für diesen Überblick
sollte man durchaus auch einen kleinen Umweg in Kauf nehmen.

V. Im Nebel

Eine Bergtour im Nebel (wenn das Wetter sonst nicht allzu unangenehm ist) schenkt manchmal ein besonders intensives Erlebnis, ja, ein plötzliches Aufreißen der Nebelschwaden gehört zum Schönsten und Eindrucksvollsten im Gebirge. Aber nicht nur ausgesprochene Nebelliebhaber sollten das ABC des Zurechtfindens bei derartigem Wetter beherrschen. Jeder gerät hin und wieder in eine „Waschküche", und gar mancher hat sich dann — selbst auf einem angelegten Weg — schon arg verlaufen. Aber auch hier muß man wieder sagen: ein Könner im Kartenlesen wird sich auch jetzt noch — selbst im unbekannten Gelände — zurechtfinden. Es gibt allerdings auch problematisches Gelände wie Karsthochflächen oder eine wenig gegliederte Schneelandschaft.

1. Hilfen. Topographische Karte oder Alpenvereinskarte, Höhenmesser, Kompaß, Führer, eine große Portion Vernunft und zudem Perfektion im Kartenlesen.

2. Vorher. Der Verantwortungsbewußte stellt sich vor jeder Tour die Fragen: Wie wird das Wetter im Laufe des Tages sein; welche Tour paßt zu den herrschenden Verhältnissen? Ist Nebel zu erwarten, oder stecken die Berge bereits in Wolken, dann sucht er sich ganz gezielt danach seine Bergfahrten aus. Das heißt zu allererst einmal: er plant für Hin- und Rückweg die gleiche Route. Damit verschafft er sich mehrere Vorteile:

● Den bereits bekannten Weg findet man im Abstieg leichter als einen unbekannten.

● Bei einer weiteren Wetterverschlechterung kann man umkehren, und es wird nie eine Flucht nach vorne notwendig.

● Man kann den Rückweg mit Steinmännern markieren.

Richtiggehend unverantwortlich wäre es hingegen, eine Überquerung des östlichen Steinernen Meeres, jenes riesigen, völlig ungegliederten Karstplateaus, bei Nebel auf das Programm zu setzen.

Als zweites muß man auf die Art der Tour achten. Es ist ganz selbstver-

Der Kundige erkennt aus dieser Wolkenbildung, daß recht bald mit Nebel, ja, später sogar mit einem Gewitter zu rechnen ist. Monte Pelmo, Ampezzaner Dolomiten.

ständlich, daß die großen, markierten Wege (siehe Praxis) die sichersten Leitlinien bieten. Will man jedoch auf kleinen Wegen oder pfadlos unterwegs sein, dann muß man sich unbedingt entsprechendes Gelände heraussuchen. Eine Orientierung im Nebel ohne Weg möchte ich als ein „Weitertasten mit Hilfe der Geländeformen" bezeichnen (Näheres siehe unten). Das Gelingen hängt dabei ganz wesentlich vom Terrain ab; je klarer es gegliedert ist, desto einfacher wird die Orientierung. Es leuchtet doch sicher ein, daß man bei Nebel einem Tal im Abstieg leichter folgen kann, als quer über eine Hochfläche eine bestimmte Scharte zu finden. Man wird also bei der Wahl der Tour auch darauf Rücksicht nehmen.

Noch ein Tip: Für den Nebel kurze Touren auswählen; das Zurechtfinden, das Markieren usw. kostet viel Zeit.

3. Unterwegs. Vorweg ein grundlegender und lebenserhaltender Leitsatz für alle Touren bei Schlechtwetter:

Man geht nur weiter, solange der Rückweg hundertprozentig gesichert ist.

Das gilt für jede Art von Tour: Mancher rennt, solange er noch etwas sehen kann, stur immer weiter und denkt erst an den Rückzug, wenn ihn die Waschküche verschluckt hat. Das Vorausschauen gehört zum Allerwichtigsten für jeden Bergsteiger! Droht eine Wetterverschlechterung, dann muß man sich genauso verhalten, als wäre der Nebel bereits eingefallen.

Nun aber zum *Weitertasten mit Hilfe der Geländeformen.* Unser Kartenbeispiel auf Seite 38 zeigt, wie man dabei vorgeht.

Es ist unbedingt notwendig, daß man auf jedes Detail achtet und ständig alle Hilfsmittel einsetzt, die Karte, den Kompaß, den Höhenmesser und auch die Uhr für die Entfernungen. Auch Folgendes sollte einem bewußt sein:

● Täler (Bäche) sind nur im Abstieg sichere Leitlinien; beim Aufstieg können einem durch die Verzweigungen Fehler unterlaufen (es sind ja nicht alle Nebenbäche auf der Karte eingezeichnet).

● Bei Graten gilt genau das Umgekehrte, ja, Abstiege über Grate stellen einen manchmal vor schwierige Probleme. Oft wirkt ein Seitenast nämlich wie der Hauptgrat, während dieser ganz unauffällig ein Stück tiefer wieder neu ansetzt und möglicherweise im Nebel gar nicht zu sehen ist. Bitte, denken Sie an unseren Leitsatz: gleicher Aufstieg wie Rückweg; dann lassen sich ja derartig kritische Stellen mit Steinmännern markieren.

● Oft lohnt sich ein Umweg, wenn dort die Geländeformen markanter sind und sich die Route dadurch leichter finden läßt.

- Wenn möglich steuert man stets etwas Breitgelagertes an. Auf einen Bach etwa trifft man immer, wenn man im rechten oder stumpfen Winkel auf ihn zugeht; an einem kleinen See dagegen könnte man leicht vorbeilaufen.
- Dient eine Steilstufe als Zwischenziel, muß man sich immer davon überzeugen, daß es sich wirklich um die gesuchte Stufe handelt und nicht nur um einen ganz kleinen Aufschwung im Gelände. Man vergleicht die Höhe, steigt evtl. ein Stückchen empor.
- Den Fuß von Felswänden kann man mit kleinen Felsstufen im Gelände verwechseln (siehe oben). Man sollte sich deshalb bei gutem Wetter einmal ganz bewußt beides anschauen; es gibt nämlich ein paar zuverlässige Unterscheidungsmöglichkeiten. Vor allem sind bestimmte Rinnen- und Schluchtausmündungen mit ihren lockeren Steinen für Wände typisch (unter Ministufen gibt es selten Schutt). Überhaupt: wer bei freien Bergen die Augen stets offen hält und dazu seine Karte ganz bewußt studiert, der tut sich auch bei Nebel viel leichter, oder — präziser ausgedrückt — er erkennt die auf der Karte gezeichneten Formen auch bei schlechter Sicht schneller und sicherer wieder.
- Sobald man sich beim Weitertasten nach den Geländeformen seiner Sache nicht mehr so ganz sicher ist, sollte man unbedingt mit dieser Methode aufhören. Hier kann und darf es kein Probieren, kein Es-wird-schon-gut-Gehen geben. Dann muß man entweder umkehren oder auf gut Glück weitergehen, den Weg dann aber genau und ausreichend mit Steinmännern markieren (siehe übernächster Absatz).

Nun wollen wir uns mit dem *Rückweg bei Nebel* (auf gleicher Route) beschäftigen. Daß man schon beim Hinweg für den Abstieg vorsorgt, ist eine absolute Selbstverständlichkeit. Solange man mit Sicherheit seinen Rückweg anhand der Geländeformen wiederfindet, kann man zügig weitergehen (siehe auch „Abstieg ohne Weg", Seite 30). Für alle Stellen und Strecken, bei denen die Karte und das Sich-Merken nicht mehr ausreichen, muß man Steinmänner als Markierungen aufstellen. Ein Beispiel: Man erreicht im Aufstieg einen Moränenkamm über dessen Flanke. Dieser Punkt wird deutlich mit einem Steinmann gekennzeichnet, hier muß man ja beim Rückweg vom Kamm wieder abzweigen. Beim Weiterweg über die Schneide der Moräne braucht man keine Zeichen, hier ist ja kein Irrtum möglich. Verläuft sich dann die Moräne in den Hängen oberhalb, werden erneut Steine aufgeschichtet, um den Ansatz des Kammes (sehr wichtig!) beim Rückzug wieder zu finden. Im Nebel müssen diese Steinmänner zudem ziemlich dicht aufeinander folgen, damit man immer den nächsten vom vorherigen aus sieht. Eine einzige Lücke kann den ganzen Rückweg in Frage stellen.

Mit Hilfe der Steinmänner läßt sich manchmal durchaus eine Art Blindflug starten, das heißt, man kann auch ohne die Sicherheit durch die Geländeformen weitergehen. Hat man z.B. den Gipfelaufbau eines Berges bereits erreicht und sind oberhalb keine Felsaufschwünge mehr zu erwarten, dann bestimmt man mit dem Kompaß in etwa die Richtung und steigt — den Weg markierend — gerade empor.

Hier noch ein kleines Beispiel, das zeigt, wie viel Erfahrungen und sachliches Überlegen bei der Orientierung helfen können. Wir steigen, wie im vorigen Abschnitt beschrieben, durch eine Flanke gegen den Gipfel hinauf. Von der Karte wissen wir, daß wir einen relativ flachen, aber gescharteten Gipfelgrat über uns haben. Beim Erreichen der Schneide könnten wir nun nicht wissen, ob der Gipfel rechts oder links von uns liegt, was zu einem unnötigen Hin und Her führen würde. Der Nebel verzerrt ja bekanntlich Höhen und Entfernungen enorm. Diese Unsicherheit ersparen wir uns dadurch, daß wir von Anfang an beim Aufstieg einen der beiden Grate ansteuern (und nicht den Gipfel selbst). Haben wir ihn erreicht, dann ist uns die Richtung ja bekannt, und wir können ihr bis zum höchsten Punkt folgen.

Nun noch eine dringende Bitte: Werfen Sie beim Rückweg die Steinmänner wieder um. Niemand sollte durch sie später irregeführt werden. Jetzt möchte ich noch einmal auf den anfänglichen Grundsatz zurückkommen. Im Hochgebirge sollte man bei Schlechtwetter nie etwas ertrotzen. Man geht nur weiter, solange der Rückweg gesichert ist. Keinem fällt beim Umkehren ein Stein aus der Krone. Ganz im Gegenteil: Das zeugt von Vernunft und Einsicht!

Die von Süden kommenden Winde hatten auf der Nordseite des Ötztaler-Hauptkammes (Heuflerkogel, Gebiet Obergurgl) eine schwache Föhnlage entstehen lassen. Doch die Aufhellung dauerte nur kurz. Schon zwei Stunden später gab es Nebel und Regen!

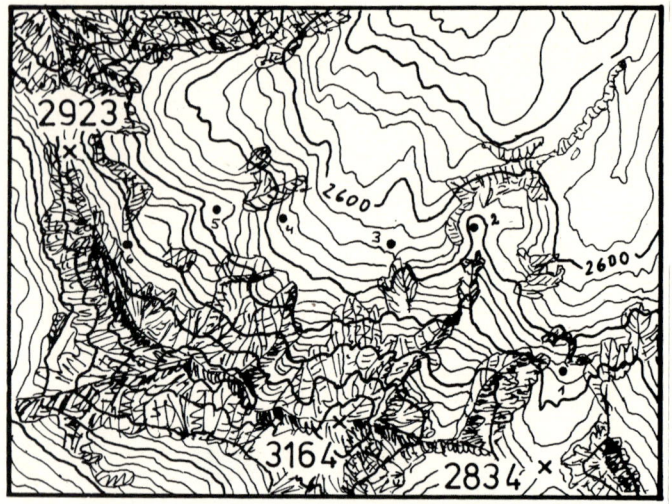

Weitertasten im Nebel mit Hilfe von Geländeformen. Unsere Aufgabe: Übergang bei Nebel von der Scharte 2834 unter nördlicher Umgehung des schroffen Felsgipfels 3164 zur Scharte 2923. Auf gut Glück oder mit Herumsuchen kann man sich in diesem komplizierten Gelände unmöglich zurechtfinden. Hier kommt wirklich nur unser „Weitertasten ..." in Frage. Die eingetragenen Hilfspunkte skizzieren die einfachste Route, einen Durchschlupf ohne Kletterei. In der beschriebenen Weise sollte es durchaus möglich sein, das Ziel zu erreichen. Dabei ist die letzte Passage – der Engpaß bei 6 – die fraglichste Stelle. Der Vorsichtige wird sich zudem wichtige Abschnitte mit Steinmännern als Sicherheit für einen eventuellen Rückzug markieren.

Zu den einzelnen Teilstrecken wäre folgendes zu sagen:
- Von der Scharte 2834 zu Punkt 1: Nach Norden flach hinab in den kleinen Karboden und talaus zur nahen Karschwelle. 2760 m; 300 m und 60 Hm Abstieg = 7 Min.
- Zu Punkt 2: Auf der Karschwelle nach links zu den Felsen und im steilen Gelände nur leicht abwärts um den Felsfuß herum in

den nächsten Steilhang. Diesen quert man so lange, bis man auf die nächste Felsrippe trifft. An ihr entlang abwärts zu dem ganz unverwechselbaren Köpfchen bei Punkt 2. 2710 m; 500 m und 50 Hm Abstieg = 10 Min.

- Zu Punkt 3: Waagrecht nach Süden zwischen den Felsen hindurch in den folgenden, sehr steilen Hang. Diesen sollte man unbedingt so lange queren, bis man auf den nächsten Felsriegel trifft, um an ihm entlang den Punkt 3 an dessen Fuß zu erreichen. Ohne die Querung könnte man leicht am Fuß des Felsriegels vorbeilaufen und hätte dann keinen Anhaltspunkt mehr! 2630 m; 300 m und 80 Hm Abstieg = 7 Min.
- Zu Punkt 4: Hier gilt noch einmal das gleiche Prinzip – durch Queren (diesmal ganz leicht aufwärts) wird die nächste deutliche Felsrippe angesteuert. 2680 m; 400 m und 50 Hm Aufstieg = 10 Min.
- Zu Punkt 5: Längs der Felsen aufwärts. Wo sie enden, nach rechts auf die deutlich ausgeprägte Rippe, die in 2790 m Höhe einen flachen Absatz bildet. 200 m und 110 Hm Aufstieg = 20 Min.
- Zu Punkt 6: Über die Rippe aufwärts, bis sie sich in 2880 m Höhe in den Hängen verliert. Nun noch 40 Hm gerade aufwärts im Steilhang. 2920 m; 300 m und 130 Hm Aufstieg = 20 Min.
- In die Scharte 2923: Im steilen Gelände zwischen den Felsen erst waagrechte, dann leicht steigende Querung nach Nordnordwesten bis in die Einschartung. 400 m = 8 Min.

VI. Besonderes Gelände:
Karst, Gletscher,
felsige Flanken

Hat man nicht einen guten Weg, eine zuverlässige Spur oder seine eigene Steinmann-Markierung als Sicherheit für den Rückweg, dann sollte man es unter allen Umständen vermeiden, in dem in der Überschrift genannten Gelände in den Nebel zu kommen. In allen drei Fällen braucht man zum Zurechtfinden einen freien Blick, hier muß ja das Auge den Durchschlupf suchen.

Wer das *Karstgelände* nicht kennt, kann sich bestimmt keine Vorstellung davon machen, wie tückisch diese weiten Hochflächen bei Nebel werden. Das Dachstein-Unglück von Heilbronner Schülern soll hier als warnendes Beispiel erwähnt werden. Verschiedene Faktoren kommen dabei zusammen. Das Gelände ähnelt einem Meer, hier gibt es keine glatten Hänge, es herrscht ein ständiges Auf und Ab, ein Gewirr von Löchern, Mulden, Senken, Rücken, Buckeln, Minifelswändchen. Das macht das Gehen ungemein zeitraubend und mühsam. Zudem erschwert das Fehlen aller markanten Formen die Orientierung schon bei Schönwetter, und bei Nebel gibt es dann keinerlei Anhaltspunkte mehr. Manche Karstflächen sind auch mit einem fast undurchdringlichen Latschendickicht überwuchert, und man kommt nur noch mit vielen Umwegen weiter, was das Zurechtfinden, ja, selbst das Einhalten einer bestimmten Richtung äußerst schwierig gestaltet. Zudem brechen die Karstplateaus — und das ist die größte Gefahr — fast überall mit steilen Wänden in die Täler ab, Wänden, in denen es oft nur wenige Breschen für den Abstieg gibt. Diese im Nebel zu finden ist praktisch unmöglich! Im Karst gibt es eigentlich nur eine zuverlässige Möglichkeit: bei entsprechendem Wetter nur auf einem gut markierten Steig unterwegs sein. Doch selbst auf den Wegen ist Vorsicht geboten, zu oft laufen sie über Felsplatten oder Schneeflecken und sind dort nur schwer zu erkennen.

Steckt man allerdings im Schlechtwetter irgendwo im Karst fest, dann

Blick von der Schönfeldspitze auf die kilometerweite Karstfläche des östlichen Steinernen Meeres. Das Fehlen einer Gliederung mit Tälern und Graten macht eine Orientierung bei schlechter Sicht ungemein schwierig, die so unregelmäßige Oberfläche erschwert zudem das Gehen und verschlingt große Zeitmengen.

kann einem allenfalls noch der Kompaß helfen. Man sucht sich nach der Karte ein möglichst breit gelagertes Ziel. Ist man zum Beispiel im Bereich des Rotwandls im Steinernen Meer (Berchtesgadener Alpen), so wird man den Weg Funtensee — Riemannhaus anpeilen. Die auf der Karte festgestellte Richtung verfolgt man dann konsequent über alle Hindernisse hinweg. Außerdem wäre es nicht schlecht, die Entfernungen mit Seillängen zu messen (falls man ein Seil bei sich hat), damit man weiß, wann man in der Nähe des Weges ist und dort besonders aufpassen kann. Wie peinlich wäre es, würde man ihn übersehen!

Am Anfang des *Gletscher*kapitels soll an den Grundsatz erinnert werden: im zweifelhaften Wetter steigt man auf der gleichen Route auf und ab. Dabei darf man aber nie vergessen, daß eine Spur im lockeren Schnee in wenigen Minuten wieder verschwunden sein kann. Für einen Abstieg im Nebel und ohne Spur über einen zerschründeten Gletscher gibt es kein Rezept; auch Marschtabellen nützen dabei nichts, ja, man kann sie hierbei überhaupt nicht verwenden, da die Spalten ja zu ständigen Richtungsänderungen zwingen. Es bleibt dem Absteigenden also nur ein Herumsuchen, und bei manchem Gletscher kann es leicht passieren, daß man überhaupt keinen Durchschlupf mehr findet.
Ähnliches gilt bei *felsdurchsetzten Flanken*. Fehlt durch den Nebel der Überblick, gibt es keinen Weg, keine Steinmänner, dann kann der Abstieg durch Felsabsätze, Schluchten usw. rasch unmöglich werden.

Man kommt immer wieder zur gleichen Schlußfolgerung: man muß unbedingt das Wetter beachten, vorausplanen, vernünftig sein, die richtigen Touren bei den herrschenden Verhältnissen wählen, Karst, Gletscher, Felsflanken bei der Gefahr von Nebel unbedingt meiden!

Ein spaltenreicher Gletscher und eine Schrofenflanke haben eines gemeinsam: Nur bei ausreichender Sicht läßt sich der richtige Durchschlupf finden. Man sollte beide bei Nebel unbedingt meiden!

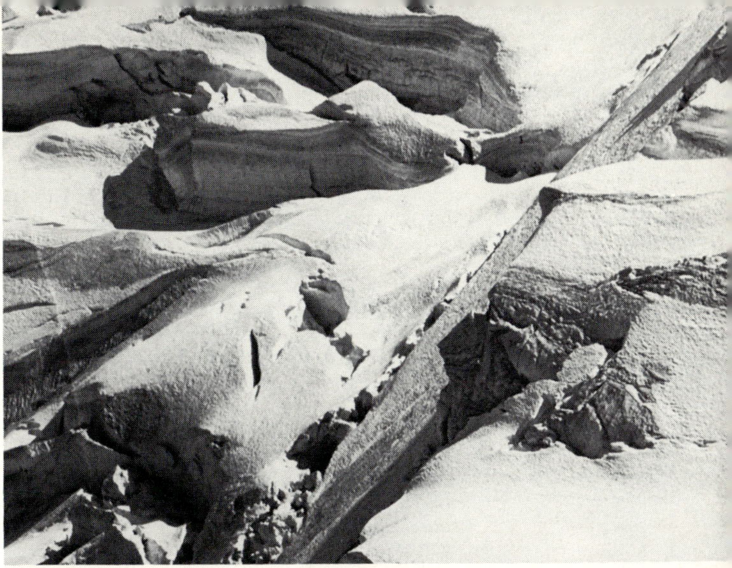
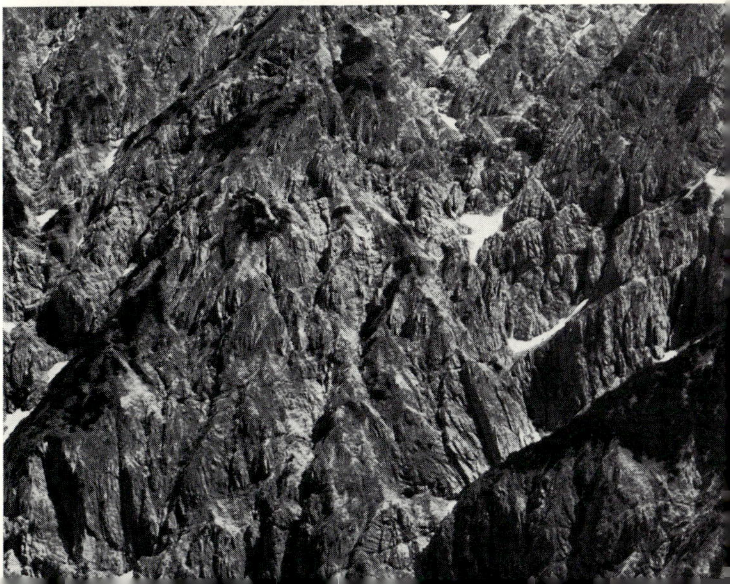

VII. Winterliche Touren

Im Winter ist das Kartenlesen besonders wichtig, die Routenwahl muß bei einer Skitour präziser als bei einer sommerlichen Fahrt sein, da man durch das Fehlen von Wegen und Markierungen verstärkt auf sich selber angewiesen ist.

Dieses Kapitel ist in zwei Teile aufgegliedert. Der erste behandelt die üblichen, häufiger begangenen Touren, in einer Art Anhang wird dann noch auf „selbsterfundene" Skitouren eingegangen.

1. Hilfen. Topographische Karte oder Alpenvereinskarte (ev. mit Skirouten; reine Skikarten entsprechen in der Qualität etwa den Wanderkarten, siehe Seite 71, und sind für die Orientierung nicht ausreichend, stellen also allenfalls eine zusätzliche Hilfe dar), Höhenmesser, Kompaß, Alpenvereinsskiführer, gutes bis perfektes Kartenlesen.

2. Vorher. Mehr noch als bei den sommerlichen Fahrten muß man sich vor einer Skitour überlegen, ob die herrschenden Verhältnisse — Wetter, Schnee, Lawinengefahr — das Erreichen des Ziels zulassen. Beim Wetter wird man nach dem Prinzip „der Spatz in der Hand ist besser als die Taube auf dem Dach" verfahren und im Zweifelsfall lieber etwas Kleineres, Geschütztes aussuchen. Denn bei Nebel und Schneetreiben gibt es auf den freien Höhen praktisch kein Weiterkommen. Auch die Schneeverhältnisse müssen die Tourenwahl entscheidend mitbestimmen; so sucht man sich an einem Tag mit kräftigem Föhn und entsprechend verblasenen Hängen nicht gerade südexponiertes Gelände aus. Die Karte hilft bei der Entscheidung.

Wie viel eine Karte auch über die Lawinengefährdung aussagen kann, ist — leider — noch viel zu wenig bekannt. In einigen Punkten ist das Kartenstudium sogar dem Augenschein an Ort und Stelle überlegen (bitte beachten: aus der Karte kann man Rückschlüsse auf die „Eignung" eines Hanges für Lawinen ziehen, aber natürlich nicht auf die momentane Schneesituation). Hier die Vorteile der Karte:

● Bei begrenzter Sicht (Nebel oberhalb, Geländestufe, Wald usw.) mag die Trasse, auf der man unterwegs ist, vollkommen sicher wirken. Nur ein Blick auf die Karte läßt einen dann die steilen und

Die hier gezeigte Abfahrt vom Rangiswangerhorn nach Sigiswang (Allgäu) ist im unverspurten Zustand nur mit Hilfe der Karte gut zu finden. Steckt man nämlich mittendrin, dann ist das Gelände recht unübersichtlich, und man hat Schwierigkeiten den Durchschlupf von einer Lichtung zur nächsten zu entdecken.

durchaus lawinenverdächtigen Hänge oberhalb erkennen. Man kann auf ihr — bei einiger Erfahrung — auch in etwa abschätzen, wie weit die Auslaufbahn ins flache Gelände hineinreicht; man muß dabei natürlich auch die Art der Lawine berücksichtigen.

● Bekanntlich hängt die Lawinengefahr ganz entscheidend von der Steilheit des Geländes ab. Beim Erkennen der Hangneigung ist die Karte unbestechlicher als das menschliche Auge. Zudem weiß man dadurch schon im vorhinein, was einen erwartet und wird nicht erst an Ort und Stelle darauf aufmerksam. Auch hier gibt es ein berühmtes Ereignis als Beispiel: Ein Kartenkundiger hätte die ganz besondere Gefährdung des Geländes mit aller Sicherheit erkannt, auf dem seinerzeit das Gerloser Unglück geschah.

● Durch Windverfrachtungen entstehen besonders lawinenträchtige Stellen. Die bei uns vorherrschenden Westwinde lagern den Schnee in besonderen Mengen an den Nordost- bis Südostseiten von Graten, Hochflächen usw. ab. Auf der Karte kann man besonders gefährdete Stellen schon vor Beginn der Tour erkennen. Nach Neuschneefällen und starken Winden sucht man sich dann eben eine Route ohne derartige Hindernisse aus.

3. Unterwegs. Bei Skitouren steigt man klugerweise auf der späteren Abfahrtsroute auch auf. Man weiß dann über die momentanen Verhältnisse bereits Bescheid, kennt zum Beispiel die Stellen mit noch unverdorbenem Pulverschnee oder leicht verharschte Passagen. Da wird das Schwingen sicherer und man spart sich manchen Sturz.

Seit das Skitourengehen zum ausgesprochenen Modesport geworden ist, führt zu den bekannten Zielen meistens eine deutliche Aufstiegsspur. Sie stellt für den Wintertouristen eine ähnliche Leitlinie dar wie der markierte Weg für den Sommerbergsteiger. Man darf allerdings nie blind und kritiklos einer vorhandenen Spur folgen; mancher ist dadurch schon auf dem falschen Gipfel gelandet! So sollte man auch bei der Skitour immer wieder den Weg auf der Karte kontrollieren.

Auch bei den Abfahrtsspuren muß man immer skeptisch prüfen, denn für den „Normalverbraucher" und gar nicht so selten auch für den Steilhangspezialisten können Varianten durchaus gefährlich sein.

Dringt man jedoch in unbekanntes und unverspurtes Gelände vor, dann wird der Grundsatz von Aufstieg und Abfahrt auf gleicher Route

Hier ein sehr eindrucksvolles Beispiel für ein im Winter fast unpassierbares Hindernis. Diesen Graben am Fuße des Falzerkopfes (westliche Allgäuer Alpen) wird der Aufmerksame schon bei der Tourenplanung auf seiner Karte als feine Einbuchtung der Höhenlinien erkannt haben. Derartige Gräben zeigt auch unsere Skizze d auf Seite 27.

fast zur Notwendigkeit. Auf alle, die nicht sehr erfahren sind (vor allem im Kartenlesen), wartet sonst einiges allzu Nachteilhafte. Eine Abfahrt ins Unbekannte läßt dann kein freies, bedenkenloses Schwingen zu (es sei denn, das Gelände wäre vollkommen hindernislos). Man sieht von oben nur die flacheren Partien, Steilstufen oder gar Abbrüche bleiben einem verborgen; je komplizierter das Gelände wird, desto mehr wächst die Unsicherheit, desto zerhackter wird das Fahren, muß man doch immer wieder schauen, suchen, die Karte studieren. Trotzdem steht der eine plötzlich über einer Schlucht, bleibt ein anderer im Dickicht stecken, viele geraten im Eifer des Fahrens auch viel zu tief und müssen dann wieder emporsteigen. Das passiert einem am leichtesten in einem mit Lichtungen durchsetzten Waldgürtel. Es ist ja durchaus nicht gesagt, daß man die Blößen immer bis zum Unterende ausnützen kann, häufig muß man schon vorher seitwärts ausscheren.

Der Waldgürtel stellt im Winter überhaupt ein Problem dar, sofern man ihn nicht auf Forststraßen überlisten kann. Die Lichtungen und Schneisen unterliegen oft einem raschen Wechsel. Hier wächst eine Lichtung durch die Aufforstung zu, dort entsteht ein neuer Kahlschlag. Man sollte sich als Faustregel merken: Lichtungen, die durch Abholzen entstanden sind, verändern sich rasch; Lichtungen mit Almwiesen und Weideflächen bleiben meist in ihrer ursprünglichen Form erhalten.

Gerät man bei der unbekannten Abfahrt in lawinengefährliches Gelände, dann kann das höchst unerfreulich werden. Denn entweder muß man — ev. sehr weit — wieder aufsteigen, um eine andere Möglichkeit zu nützen, oder man begibt sich in ernste Gefahr. Wer jedoch auf gleicher Route aufsteigt wie abfährt, kommt von unten an die kritische Stelle und kann dann eben umkehren.

Hier noch eine eindringliche *Warnung vor Skitouren in Nebel und Schneetreiben*. Dabei lauern gleich drei Gefahren: Verirren, Lawinen und Absturz. Außerdem macht das Fahren keinen Spaß mehr, sobald sogenanntes diffuses Licht herrscht. Jeder kennt sicher jenes mühevolle Tasten, wenn man nicht mehr erkennen kann, ob das Gelände vor den Skispitzen abfällt oder vielleicht sogar ein Gegenhang im Weg steht.

Als erstes muß man sich auch hier an den Nebelgrundsatz erinnern: man geht nur weiter, solange der Rückweg gesichert ist. Einen Skibergsteiger kann bei Schlechtwetter praktisch nur die Spur zurückführen. Doch Vorsicht! Im harten Schnee hinterläßt der Ski keine Spur, im lockeren hingegen kann der Wind die Trasse in wenigen Minuten völlig verschwinden lassen. Bei einer Tour im Wallis haben wir am Gipfelgrat der Luette (3548 m) in dem dort vom Sturm angeblasenen Schnee einen wirklich hüfttiefen Graben hinterlassen. Beim Abstieg — zehn Minuten später — war der Graben bereits vollkommen zugeblasen. Auch momentane Windstille bietet keine Sicherheit; der Wind kann sehr plötzlich einsetzen, oder er dreht sich und erreicht damit auch vorher geschützte Stellen. Da gibt es dann nur eines: sofort umkehren und längs der Spur wieder abfahren, bevor alles verweht ist.

Auch die Methode des Weitertastens nach den Geländeformen versagt im Winter fast ganz, da das so einheitliche Weiß die Geländeformen nicht mehr erkennen läßt. Zudem läuft man Gefahr, mit einer Wächte in die Tiefe zu stürzen, kann man doch manchmal schon einen Meter vor den Skispitzen nichts mehr erkennen. Aus dem gleichen Grund schneidet man auch leicht einen lawinengefährlichen Hang an. Die gleichen Gefahren tauchen bei einem Gehen nach Marschtabelle auf.

Nun noch kurz zu den *„selbsterfundenen"* Skitouren.

In meinen Alpenvereins-Skiführern wird eine ganze Reihe von Touren beschrieben, die rein nach der Karte ausgeknobelt wurden, und die heute durchaus zu den Standardfahrten gehören. Dabei ist Präzision das Allerwichtigste. Man muß die geplante Route bis ins letzte Detail betrachten.

Zum Schluß sei dazu ein kleines Experiment gewagt. Über die hier nun folgende Skiroute habe ich nie etwas gelesen oder gehört; ich habe sie ausschließlich nach der Karte überlegt und auch danach eine Art Routenbeschreibung verfaßt. Falls Sie, lieber Leser, meinen Vorschlag einmal ausprobieren sollten (Sie können das ruhig tun, Sie werden nicht enttäuscht sein!), dann wäre ich für eine Mitteilung dankbar, wie weit meine Ausführungen mit der Wirklichkeit übereinstimmen.

Skitour zum Fil da Tuoi (Südgipfel, 2867 m)

Charakter: Einfache, hervorragend schöne Skitour mit gut 800 Hm völlig freien Hängen von gleichmäßiger Neigung, 200 Hm Fahrt durchs Tal, 150 Hm auf Wiesenhängen über dem Ort.

Aufstiegszeit 3½ Std. (bei ordentlichen Verhältnissen).

Abfahrt: 1210 Hm, 6 km.

Lawinengefahr: Die Hänge zwischen der Alp Suot und dem Fil da Tuoi sind auf der beschriebenen Route nur bei extremen Bedingungen gefährdet. Ein Lawinenstrich beim Zugang ins Tal.

Talort: Guarda (1653 m) im Unterengadin / Graubünden.

Stützpunkt: Im hinteren Val Tuoi liegt die gleichnamige Hütte des SAC (2250 m), die als Stützpunkt dienen kann.

Aufstieg: Vom östlichen Ortsende von Guarda schräg nach links über die Wiesen auf die Geländeschulter von Clüs oberhalb des Clozzabaches. Hoch über dem Bach auf dem Fahrweg hinein ins

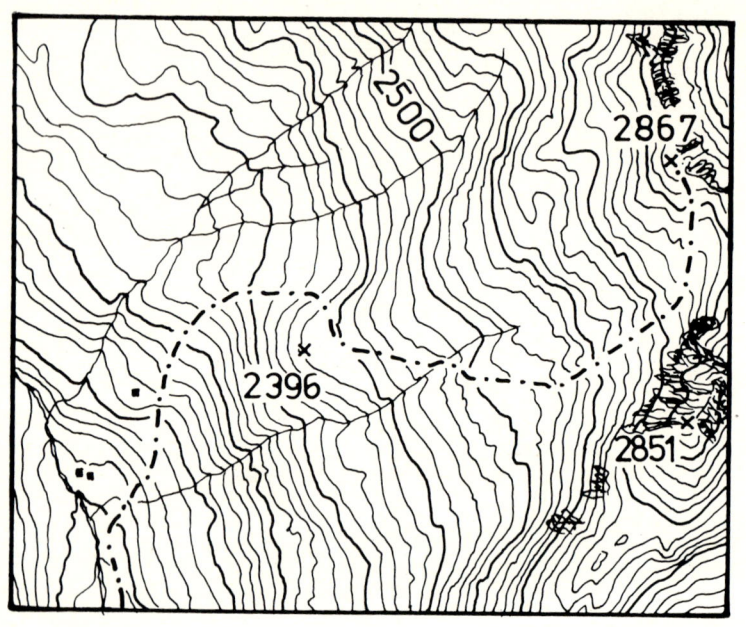

Val Tuoi. Nach den letzten Bäumen noch etwa 1 km im nun flachen Talboden zur Alp Suot. (Ab hier auf dem Kärtchen verzeichnet.) Kurz vor den Hütten rechts ab und nun in nordnordöstlicher Richtung über eine ganz kurze Stufe, dann auf dem breiten, relativ sanften Hang empor bis in 2250 m Höhe. Sobald sich die rechtsseitigen Hänge zurücklegen, biegt man nach Osten ein, schließlich sogar kurz nach Süden, um die Höhe des Kopfes Motta Schlieza (2396 m) zu erreichen, den man an seinen steilen Westhängen erkennt. Über den folgenden Hang schräg rechts aufwärts (also genau nach Osten) und quer über einen Graben (nicht zur früh queren) auf die sehr welligen Hänge südlich des Grabens. Über sie immer gerade aufwärts in den hintersten Karwinkel am Westfuß des Piz Cotschen. Über einen letzten Hang nach Norden zum Gipfel.
Abfahrt wie Aufstieg.

Theorie

I. Die Orientierungshilfen in der Natur

In diesem Kapitel soll all das aufgeführt werden, was uns draußen in der Natur beim Zurechtfinden hilft. Der zweite Abschnitt befaßt sich dann mit jenen Orientierungsmitteln, die wir selbst im Rucksack mitbringen: Karte, Höhenmesser und Kompaß. Mag dem Erfahrenen auch manches bereits vertraut sein, so wollen wir jedoch nicht in den weit verbreiteten Fehler verfallen und viel zu viel als bekannt voraussetzen. Schließlich soll und muß sich ja auch der Neuling in dieser Lehrschrift zurechtfinden. Deshalb beginnen wir in diesem Bücherl bei den elementaren Grundlagen und bauen dann schrittweise weiter auf.

1. Wege. Ein Wege-Kapitel in einem Lehrbuch zur Orientierung — im ersten Moment mag das unsinnig erscheinen. Aber sind denn nicht gerade die Wege unsere allerwichtigste Orientierungshilfe, ist das nicht auch jener Bereich, wo sich — rein zahlenmäßig — die meisten verlaufen! Ja, sogar mancher, der sich zu den Erfahrenen rechnet, ist schon an ganz anderer Stelle herausgekommen als beabsichtigt.
Unsere Überschrift „Wege" ist nicht ganz zutreffend, denn hier wird alles zusammengefaßt von der Forststraße bis hin zu Pfadspuren und „Gamswechseln". Auf den Karten und auch in den Führern unterscheidet man sehr wohl zwischen den verschiedenen Arten und Größen von Wegen und Straßen. Sie auseinanderzukennen ist durchaus eine wichtige Hilfe bei der Orientierung. Deshalb seien die verschiedenen Arten hier kurz vorgestellt:

a) Straßen, Fahrwege. Vor allem in der Waldregion war man in den letzten zwanzig Jahren recht großzügig im Bau von Güterwegen, Forst- und Almstraßen. Sie sind meist für den allgemeinen Verkehr gesperrt, und der Tourist sollte diese Verbote auch einhalten. Für den Wanderer sind diese Straßen etwas Unerquickliches, sie lassen sich in vielen Fällen jedoch leider nicht vermeiden. Ein Vorteil: man kommt relativ mühelos von der Stelle. Dem Skitourengeher bieten sie oft eine ideale Hilfe, um den lästigen Waldgürtel zu überlisten. Bei keinem anderen Detail sind die Karteneintragungen so unvollständig wie hier. Die Berichtigungen können mit dieser raschen Entwicklung einfach nicht mitziehen.

Hier ein Geröllfeld aus ungewöhnlich feinem Schutt (Monte Sella di Fanes, Dolomiten) mit einem gut angelegten Weg und vielen Gemsenspuren.

52

─────	**Strasse**
────	**Fahrweg**
─ ─·─ ─·─ ─·─ ─·	**Karrenweg**
─ ─ ─ ─ ─ ─ ─	**Wanderweg**
·········· ···	**Steig, Pfad**
─ ─ ─ ─	**Steigspuren**

b) Karrenwege, Ziehwege. Das sind häufig die Vorläufer der heutigen
Fahrwege. Nach einem Straßenbau werden sie meist nicht mehr in Ord-
nung gehalten, obwohl sie auf den Karten noch eingetragen sind. Dann
können umgestürzte Bäume, beschädigte Brücken, Sumpf und Geröll
und manches andere das Begehen mühevoll machen. Häufig führen sie
auch recht steil und direkt durch die Wälder empor.

c) Wanderwege. Die üblichen Wanderwege zu Aussichtspunkten, Se-
henswürdigkeiten, Hütten und Gipfeln wurden ja ganz bewußt für die
Bergsteiger angelegt, werden für sie markiert und beschildert. Deshalb
ist hier das Zurechtfinden noch mit den geringsten Schwierigkeiten verbunden.
Ein Hinweis: im alpinen Sprachgebrauch hat die Bezeichnung „Weg"
eine zweite, an sich unsinnige Bedeutung erlangt, die dem Wort „Route" gleichzusetzen wäre. So heißen zum Beispiel die Kletterrouten auf
der Nordseite des Totenkirchls Führerweg, Zottweg, Heroldweg usw.
Es ist ja auch üblich, von einem „Normalweg" auf einen Gipfel zu spre-
chen; gemeint ist damit nicht ein angelegter Weg, sondern die ge-
bräuchlichste Aufstiegsroute, die ja durchaus eine ernste Kletterei erfordern kann.

d) Pfade, Steige. Einen kleinen, schmalen, manchmal vielleicht schon
etwas undeutlichen Weg wird man als Pfad — oder wie im Gebirge üb-

*Im Schrofengelände sind die Gamswechsel oft ideale Hilfen, um den richtigen
Durchschlupf ohne viel Sucherei zu finden.*

lich — als Steig bezeichnen. Natürlich ist hier das Zurechtfinden meist eine ganze Stufe schwieriger als bei den üblichen Wanderwegen, findet man doch nur noch selten Markierungen und Schilder, die einem an kritischen Stellen weiterhelfen. Auch die Zuverlässigkeit bei den Eintragungen in den Karten nimmt ab. Meist ist es das Schwierigste, den Beginn eines derartigen Steiges zu finden. Die Abzweigung von einer Forststraße z.B. kann sehr unauffällig sein (Karte und Höhenmesser befragen!), ja, bei den Jagdsteigen kommt es vor, daß der Anfang ganz bewußt unsichtbar gemacht wird, um die Touristen vom Begehen des Weges abzuhalten.

e) Pfadspuren, Steigspuren. Unter diesem Begriff faßt man alles zusammen, was es an sehr undeutlichen und immer wieder unterbrochenen Steigen und Trampelspuren gibt. Manchmal handelt es sich dabei um Wege, die nicht mehr in Stand gehalten werden („aufgelassene Wege"). Diese sind dann streckenweise noch gut zu erkennen, zum Beispiel auf einem festen Waldboden im Steilgelände, streckenweise jedoch auch vollkommen verschwunden, etwa auf flachen Wiesen, im Bereich von Gestrüpp, oder in Lawinenbahnen.

Meist jedoch entstehen Steigspuren durch häufiges Begehen bestimmter Passagen, von Bergsteigern, von Almvieh (Viehsteige) oder auch durch das Wild, vor allem die Gemsen (Gamswechsel). Dabei ist es typisch, daß diese Pfadspuren an steilen Ecken, Geländestufen usw. deutlich hervortreten, hier ist jeder Mensch und jedes Tier froh über die Hilfe, sie sich aber im flachen Terrain sofort wieder verlaufen, hier geht eben jeder seine eigenen Wege. Als Orientierungshilfe bei Nebel nützen die Steigspuren wenig, sie sind zu unzuverlässig und entsprechen oft nicht den Zielen der Bergsteiger (Vieh und Wild haben eben andere „Zielvorstellungen"). Sie sind auch häufig, da es sich ja um keine offiziellen Wege handelt, auf den Karten nicht eingetragen.

Andererseits jedoch helfen die Pfadspuren beim Zurechtfinden im Kleinen. Sperrt zum Beispiel ein Felsturm den Weiterweg über den Grat, so weiß man oft nicht recht, soll man ihn rechts oder links umgehen. Führen nun die Spuren etwa nach rechts, dann kann man sich fast blind darauf verlassen, daß dies die richtige Seite ist. Oder: verläßt der Gamswechsel einen Grat, der im Moment noch gut begehbar erscheint und zieht in einer der der Flanken schräg hinab, dann folgt mit Sicher-

Es ist ein echter Mangel der Landkarten, daß bei der Darstellung nicht zwischen einem Weg und einem Klettersteig unterschieden wird. Manchmal ist man – wie hier am Peitlerkofel – in richtigen Felsflanken oder gar -wänden unterwegs!

heit weiter vorne ein augenblicklich noch unsichtbarer Gratabbruch. Und hören die Spuren plötzlich ganz auf, dann weiß man, daß der Grat nun wesentlich felsiger wird und bestimmt nur noch mit mehr oder weniger schwieriger Kletterei zu begehen ist. In stark gegliedertem Gelände, etwa in Schrofenflanken, bilden die Gamsspuren zudem oft die allerbeste Leitlinie, denn auch das Wild bemüht sich ja um einen möglichst bequemen Weg (zudem kennt es sich natürlich hervorragend aus).

f) Gesicherte Wege, Klettersteige. Immer wieder einmal müssen auch größere Wege, z.B. Hüttenzugänge, richtige Felshindernisse überwinden. Dem Bergsteiger wird das Gehen mit Drahtseilen, manchmal mit Eisenstiften als Trittersatz oder gar mit richtigen Leitern erleichtert. Man spricht dann von einem „gesicherten Steig". Vor allem in den Südlichen Kalkalpen (Dolomiten, Julische Alpen usw.) werden manchmal ganze und durchaus steile Felswände auf diese Weise gebändigt. Das ist dann ein Klettersteig, eine „via ferrata". Seine Begehung erfordert bergsteigerisches Können und absolute Schwindelfreiheit. In den Karten sind diese Steige oft wie die üblichen Wanderwege eingetragen. Das kann zu bösen Überraschungen führen. Man stelle sich vor, ein Bergwanderer bastelt seine Route nach der Karte zusammen und kommt dann — schon gegen Abend — bei seinem Abstieg plötzlich zu einer nahezu senkrechten Felswand, die seine Fähigkeiten, trotz des Drahtseils, weit überfordern würde. Es ist ein eindeutiges Manko der Landkarten, wenn sie kein eigenes Symbol dafür verwenden. Verantwortungsvolle Wegebauer allerdings bringen unmißverständliche Schilder an der Abzweigung derartiger Steige an. Orientierungsschwierigkeiten hingegen gibt es dank der Drahtseile und Markierungen nicht.

2. Markierungen, Wegweiser, Nummern, Steinmänner. Vor allem in den Ostalpen sind die *Markierungen* die Hilfe schlechthin, um sich auf Wegen und Steigen zurechtzufinden (z.B. bei Unterbrechungen, Abzweigungen, bei Schnee, zur „Beruhigung" usw.). Es handelt sich dabei um rote Farbflecken (in Ausnahmefällen auch um andere Farben wie gelb oder rot-weiß-rot) an Steinen, Bäumen oder Pflöcken. Oft werden statt runder Flecken auch Streifen oder Pfeile verwendet als Kennzeichnung der Richtung und abgeknickte Streifen, um eine Serpentine des Weges anzudeuten.

Leider kann man sich auf die Markierungen nicht immer blind verlassen — etwa bei einem Abstieg im Nebel in ein unbekanntes Gelände. Wie überall gibt es eben auch bei den Markierungs-Pinslern Geschickte und Ungeschickte. Das Ergebnis davon sieht so aus: Relativ viele Wege sind ausgesprochen „übermarkiert", andere mit echtem Geschick ge-

Hier eine der Nummern-Markierungen des Alpenvereins. Die auf den Fels gezeichneten Farben sind rot-weiß-rot. Häufig findet man diese Nummern auf rechteckigen, etwas zu kleinen und unauffälligen Täfelchen.

kennzeichnet, bei manchen aber fehlen oft gerade an den entscheidenden Stellen die roten Striche. Es kommt auch vor, daß diese schon so verblaßt sind, daß man sie im Nebel erst aus allernächster Nähe erkennen kann.

Markierungen findet man jedoch nur an Wegen, die ausgesprochen zum Wandern und Bergsteigen gedacht sind. In weniger besuchten Gebieten und bei kleinen Steigen fehlen sie. Manche Karte kennzeichnet die markierten Wege mit einer roten Linie. Doch Vorsicht: auf anderen Karten wiederum stellen diese roten Linien „zum Wandern bevorzugte Wege — mit und ohne Markierung — dar". Auf die Legende achten! In Ausnahmefällen gibt es auch Markierungen ohne Weg, um das Zurechtfinden in besonders kompliziertem Gelände wie einer Schrofenflanke zu erleichtern. Manchmal werden auch besonders große rote Flecken angebracht, um einen Durchschlupf zu bezeichnen, der sonst schwer zu finden wäre.

In der Schweiz geht man mit Markierungen wesentlich sparsamer um, dafür ist dort die Beschilderung mit *Wegweisern* wirklich vorbildlich. An nahezu jeder Verzweigung stehen die typischen Stangen, und die Schilder sind immer in einwandfreiem Zustand. Zudem ist meist ein Hinweis auf den Standort des Wegweisers angebracht, z.B. „Schwarzhornfurgga, 2883 m". In anderen Alpenregionen trifft man auf Beschilderungen recht unterschiedlicher Art und Zuverlässigkeit. In Deutschland und Österreich steht an den üblichen Hüttenanstiegen und den Übergängen meist eine ausreichende Zahl von Schildern, doch fehlt hier oft eine Koordination zwischen den Verkehrsämtern und den Alpinen Vereinen.

Das gleiche trifft auch für die Verwendung von *Wegnummern* zu. In den Dolomiten gibt es derartige Nummern schon lange, viele Ferienorte haben Ähnliches für ihre Wanderwege eingeführt, und von den Alpenvereinen wurde eine systematische Numerierung ihres gesamten Wegnetzes vorgenommen. Dennoch haben diese Methoden ihre Tücken, und es bleibt zweifelhaft, ob der Erfolg den Aufwand rechtfertigt. Woher weiß zum Beispiel der Benützer der Österreichischen Karte, welchen jeweiligen dreistelligen Nummern des Alpenvereins er bei seiner heutigen Tour folgen soll. Ganz typisch: auf den Alpenvereinskarten sind die Nummern der Ferienorte nicht eingetragen, auf den Umgebungskarten der Orte nicht jene des Alpenvereins. Und ein echter Nummernsalat entsteht dann, wenn sich die Wandergebiete von zwei Fremdenverkehrszentren überschneiden. Stellen Sie sich vor, ein Bergsteiger muß erst eine Dreiviertelstunde dem Weg Nr. 545 folgen, dann eine halbe Stunde der Nr. 535, um schließlich in den Weg 546 einzubiegen. Wie verwirrend ist das, und welche Möglichkeiten für Irrtümer stecken darin! Hier liegt ein falscher Gedanke zugrunde: Man wollte eine Vereinfachung schaffen und machte es doch komplizierter. Klare Begriffe und Namen wie Hütten, Scharten, Gipfel prägt sich jeder leicht ein, etwas so Abstraktes wie Nummern hingegen wird man immer wieder verwechseln. Nein, Wegweiser sind den Nummern — vor allem im Gebirge — sehr, sehr weit überlegen!

Auch ein Schild mit dem erstaunlichen Alter von mindestens fünfzig Jahren erfüllt noch seinen Zweck, wenn es ordentlich befestigt ist. Wirklich vorbildlich in der Anfertigung und Aufstellung ihrer Schilder sind die Oberengadiner. Das Foto zeigt den Silser See mit dem Ort Maloja, über dem der Piz Lunghin aufragt.

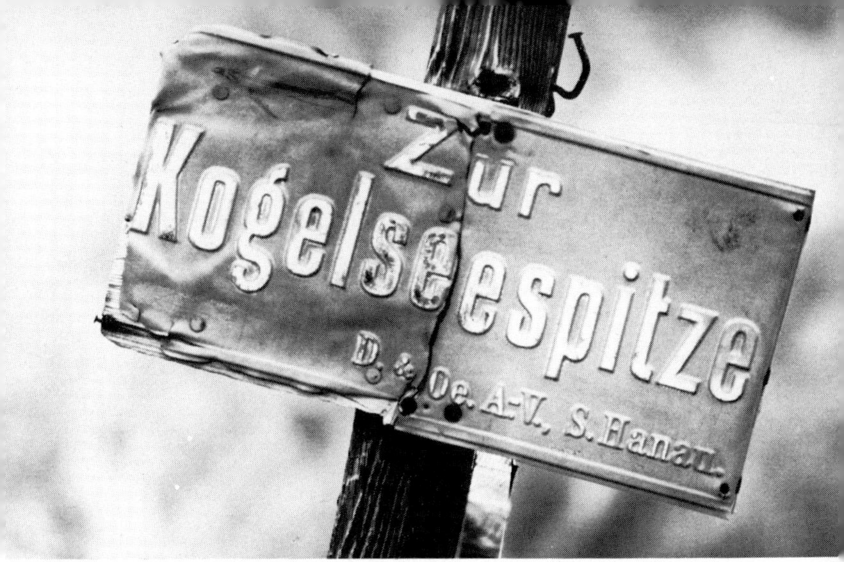
Zur
Kogelseespitze
D. & Oe. A-V. S. Hanau.

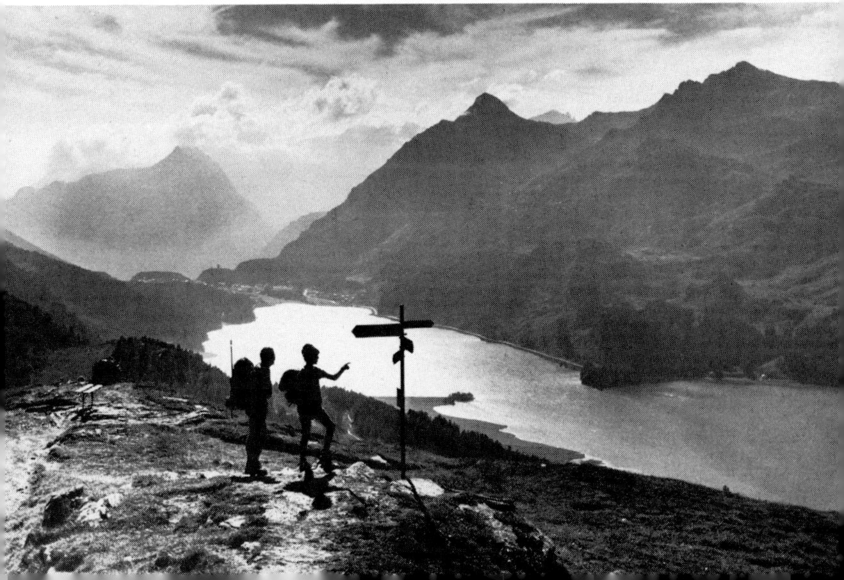

Doch kehren wir nun wieder in den Bereich des Altbewährten zurück. *Steinmänner* geben die ideale Hilfe, um sich selbst seinen Rückweg zu markieren (siehe Seite 30). Oft braucht man nur zwei bis drei Steine übereinanderzuschichten. Sehr gute Zeichen ergeben auch aufrechtgestellte „Steinspieße", in die manche Gneise und Schiefer zerfallen. Eigentlich sollte der Standort für die Steinmänner ganz klar sein, doch erstaunlicherweise findet man sie immer wieder an den unsinnigsten Stellen, z.B. in Nischen. Damit so ein Steinmann beim Rückweg auffällt und weithin zu sehen ist, stellt man ihn selbstverständlich auf jenen Punkt, der am weitesten vorspringt (auch wenn dafür manchmal ein paar zusätzliche Schritte nötig sein sollten), wo er sich am besten gegen den Hintergrund — möglichst gegen den Himmel — abhebt. Man sollte auch die unterschiedlichen Färbungen ausnützen. Ein Beispiel: manche Steine sind auf der Unterseite mit schwarzem Moos bewachsen, das dann vom hellen Fels besonders deutlich absticht.

3. Höhe, Himmelsrichtung. Es dürfte jedem klar sein, welch große Bedeutung Höhe und Himmelsrichtung für die Orientierung haben. Ein Beispiel: wir müssen vom großen Weg auf einen kleinen abzweigen. Nun kommen wir früher als erwartet zu einer Gabelung und sind im Zweifel, ob dies schon der gesuchte Weg sein kann. Ein Blick auf Höhenmesser und Karte kann fast immer Klarheit schaffen. Wie Höhe und Himmelsrichtung zum Zurechtfinden praktisch eingesetzt werden, gehört zum großen Thema „Kartenlesen". Sehen Sie dazu das entsprechende Kapitel (ab Seite 66).

4. Geländeformen, Oberfläche. Wahrscheinlich haben es sich die meisten Bergsteiger noch nie klar gemacht, welch immense Bedeutung gerade die Geländeformen für jede Orientierung im Gebirge haben. „Der Weg führt erst über eine Rippe, später durch das Tälchen daneben empor zum Absatz unterhalb der Scharte." In dieser Art erfolgen fast alle Wegbeschreibungen in den Führern. Man muß nicht nur diese Sprache verstehen (siehe dazu „Fachausdrücke"), sondern auch die Bedeutungen der dort verwendeten Bezeichnungen sowohl in der Natur als auch auf der Karte wiedererkennen.
Für jeden, der pfadlos in der Hochregion unterwegs ist und sich dabei ausschließlich nach der Karte orientiert, sind die Geländeformen sogar

Beim Aufstieg zum Seikogel (Ötztaler Alpen) trafen wir auf dieses Werk eines echten Künstlers im Steinmannbauen.

die mit Abstand wichtigste Hilfe. Ein geschickter Kartenleser kann sich anhand der fast immer starken Geländegliederung mit großer Sicherheit selbst in einem ihm fremden Gebiet zurechtfinden, ja, oft sich damit sogar noch bei Nebel orientieren. Um Wiederholungen zu vermeiden, verzichten wir an dieser Stelle auf Beispiele und Darstellungen. Um so ausführlicher wird dieses Thema dafür auf Seite 34 behandelt. Eine gewisse Rolle spielt bei der Orientierung auch die Oberflächenbeschaffenheit des Geländes: ist sie kahl oder bewachsen, besteht der Bewuchs aus Wald, Knieholz, Gras, oder wird die „nackte" Oberfläche von Schutt, Fels, Schnee usw. gebildet? Zumindest teilweise sind diese Merkmale auch auf den Karten eingezeichnet. Schauen Sie sich dazu die Seite 71 an.

Wir haben an dieser Stelle bewußt ein winterliches Bild ausgewählt, da Schnee und Sonne die besten Bedingungen liefern, um ein Gelände wirklich plastisch auf dem Foto wiederzugeben.

Wir schauen von Nordwesten auf den Salzachgeier (2469 m, Kitzbüheler Alpen). Vergleichen Sie nun einmal die folgende Aufstiegsbeschreibung mit dem Foto: Nordwestlich des Gipfels ist ein Kar eingebettet, von dem ein Graben hinab ins Tal führt. Auf der rechten Begrenzung dieses Grabens steil empor ins Kar und in ihm bis in einen kleinen Boden (einzige flachere Stelle). Jetzt rechts hinaus auf die begleitende Gratrippe. Diese in der Mitte abgeknickte Rippe verfolgt man so lange, bis man bequem nach rechts in das Minikar westlich unter dem Gipfel queren kann. Nach rechts über eine blockige Rippe auf den westlichen Vorgipfel und über den noch relativ langen, flachen Grat zum höchsten Punkt.

Man erkennt an diesem kleinen Beispiel wohl deutlich genug die Bedeutung der Geländeformen für das Zurechtfinden im Gebirge.

II. Das Kartenlesen

Karten sind als Orientierungshilfe ungleich wichtiger als alle anderen Möglichkeiten zusammengenommen (einzige Ausnahme: Felsgelände — hier muß man sich ausschließlich auf die Führer und das eigene Auge verlassen). Das Kartenlesen ist eine Fertigkeit, ja, eine Kunst, die man ganz bewußt in der Theorie und im Gelände erlernen muß. Es ist wirklich erstaunlich, wie wenig Ahnung davon oft auch gute Bergsteiger, ja, sogar manche Führer haben. Erstaunlich, aber auch unerfreulich, denn das Kartenlesen gehört zum Handwerk und ist ein nicht unwesentlicher Faktor für die Sicherheit im Gebirge. Bedauerlicherweise sind viele Bergsteiger mit viel zu schlechten Karten unterwegs — eine

Wir zeigen hier ein Detail aus der Alpenvereinskarte „Hochkönig" im doppelten Maßstab 1:12500). Diese Vergrößerung macht deutlich, wie ungemein detailliert die Zeichnung auf einer guten Karte ist. Jede Kleinigkeit hat ihre Bedeutung.

genaue Orientierung ist aber nur mit den Topographischen Karten und den Alpenvereinskarten möglich. Auch Lehrbücher und manche Ausbildung gehen hier falsche Wege, da sie das Kartenlesen viel zu wenig, die „technische Orientierung" hingegen viel zu stark beachten.

Da vielen die einfachsten und grundlegenden Begriffe unbekannt sind, soll hier eine Art einführender Schule gebracht werden. Sie beginnt mit dem Grundwissen und führt bis zu jenen Feinheiten hin, die dann selbst das Erkennen des Landschaftscharakters ermöglichen sollen.

1. Welche Karte für wen? Zwei Kriterien bestimmen die Art und die Qualität einer Karte:

a) Der *Maßstab*. Für den Bergsteiger kommen drei verschiedene Maßstäbe in Frage: 1 : 100 000, 1 : 50 000 und 1 : 25 000. Unsere Zeichnung und die Ausschnitte aus der Schweizer Landeskarte mögen die Unterschiede anschaulich machen. (Siehe Seite 72 / 73.)

Für die Orientierung unterwegs verwendet man die Karten im Maßstab 1 : 50 000, für besonders genaue Information auch 1 : 25 000. Die Karten im Maßstab 1 : 100 000 dienen der Übersicht, z.B. um von einem Gipfel aus das Panorama zu bestimmen.

b) Die *Darstellung* des Geländes. Die Alpenländer Deutschland, Österreich, Schweiz, Frankreich und in beschränktem Maße auch Italien, bringen offizielle Landeskarten im Maßstab 1 : 50 000 auf den Markt. Man kann sie unter dem Begriff *Topographische Karten* zusammenfassen. Eine möglichst exakte Geländedarstellung ist ihr Ziel. Sie sind durchweg zuverlässig und damit für eine Orientierung im Gelände bestens geeignet. Leider ist der Nachtrag von Neuerungen (wie neue Straßen) oft schleppend. Von einigen dieser Blätter gibt es auch Ausgaben im Maßstab 1 : 25 000. Beim Kauf sollte man sich jedoch vergewissern, daß es sich um aktuelle Auflagen handelt.

Die einzelnen Blätter dieser Kartenwerke schließen nahtlos aneinander an (sie überlappen sich nicht) und ergeben so ein geschlossenes Kartenbild. Ein derartiger Kartenschnitt nimmt natürlich keine Rücksicht auf touristische Interessen. So kann es passieren, daß man bei einer einzigen Tagestour auf drei verschiedene Blätter zurückgreifen muß. Manchmal gibt es jedoch Sonderdrucke für beliebte Gebiete (wie. z.B. die Berchtesgadener Alpen).

Ein spezielles Kartenwerk für Bergsteiger bringen der Deutsche und der Österreichische Alpenverein heraus: die *Alpenvereinskarten* im Maßstab 1 : 25 000 (meist AV-Karten genannt). Viele der interessantesten Berggruppen dieser beiden Länder werden hier behandelt. Durch den großen Maßstab ist die Detailzeichnung sehr genau, das Bild erscheint

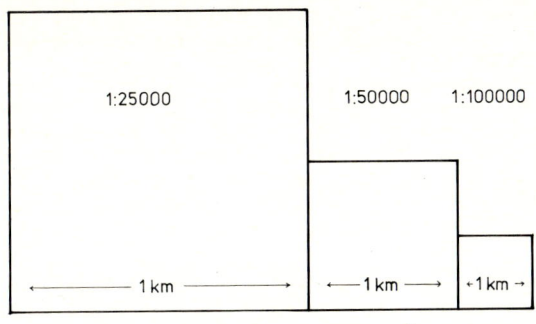

So unterschiedlich ist die Fläche von einem qkm in den verschiedenen Maßstäben!

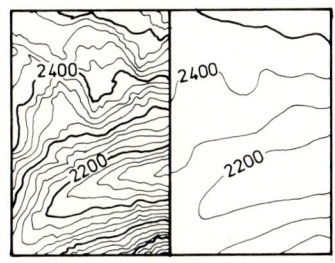

Diese beiden Skizzen sollen den Unterschied in der Geländedarstellung zwischen einer Topographischen Karte und einer der üblichen Wanderkarten demonstrieren.

angenehm klar, es fehlt jedoch die Schummerung. Leider gibt es unter vielen sehr guten Blättern auch ein paar weniger befriedigende; es sind Neuauflagen von älteren Karten, deren Geländedarstellung noch nicht exakt genug ist. Außerdem sollte man sich beim Alpenverein in Zukunft darum bemühen, bei den neu gezeichneten Karten ein einheitliches Bild zu erreichen und nicht immer wieder andere Darstellungsformen zu verwenden (z.B. die Karte Hochalmspitze-Ankogel).

Für Bergwanderer haben freie Verlage einen eigenen Kartentyp geschaffen, den man als *Wanderkarte* bezeichnen kann. Man kennt hier vor allem die Kompaß-Karten im Maßstab 1 : 50 000. Bei ihnen wird das Hauptgewicht auf leichte Lesbarkeit und ein optisch gefälliges Bild gelegt. Meist zeichnen sie sich durch eine erfreuliche Aktualität aus. Die Darstellung ist jedoch so vereinfacht, daß diese Karten sich nur zum Zurechtfinden auf angelegten Wegen eignen; für ein Orientieren im Gelände sind sie absolut unzureichend. Dafür gibt es schon ein äußeres Merkmal: Hier haben die Höhenlinien einen Abstand von 50 m oder gar 100 m, auf den zuvor beschriebenen Karten jedoch einen von 20 m. Die Skizze verdeutlicht den Unterschied.

Maßstabsvergleiche aus der Schweizer Landeskarte. Durch die Wiedergabe in schwarzweiß hat natürlich die Qualität der Kartendarstellung spürbar gelitten. Originalgetreue Wiedergaben finden Sie auf den folgenden drei Doppelseiten.

1:50 000 ▼   1:25 000 ▶

1:100 000

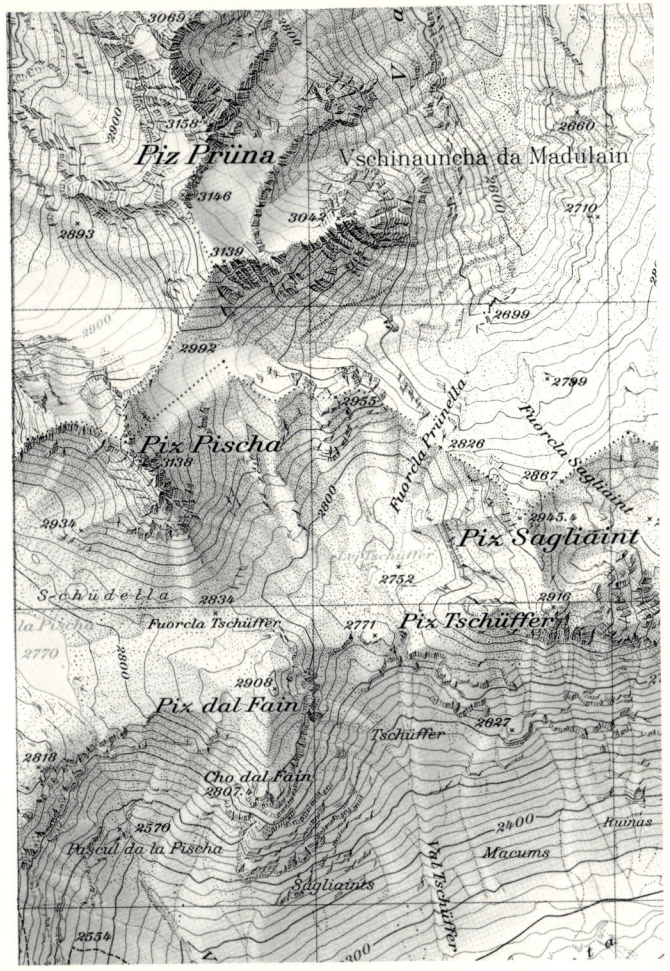

Piz Prüna

Vschinauncha da Madulain

Piz Pischa

Fuorcla Prünella

Fuorcla Sagliaint

Piz Sagliaint

Fuorcla Tschüffer

Piz Tschüffer

Tschüffer

Schudella

la Pischa

Piz dal Fain

Cho dal Fain

Pascul da la Pischa

Sagliaints

Macums

Ruinas

Val Tschüffer

3069
3158
3146
3042
3139
2893
3138
2934
2992
2955
2826
2867
2945.6
2752
2916
2771
2834
2906
2908
2818
2807
2570
2554
2660
2710
2699
2799
2027
2400

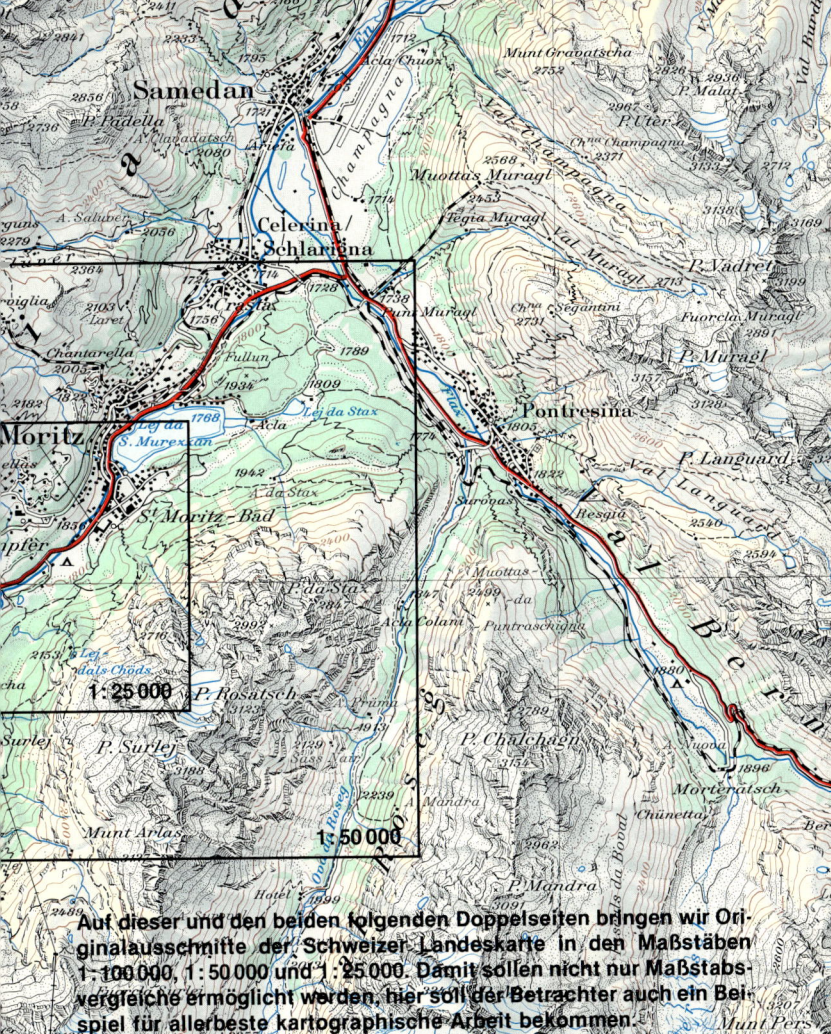

Auf dieser und den beiden folgenden Doppelseiten bringen wir Originalausschnitte der Schweizer Landeskarte in den Maßstäben 1:100 000, 1:50 000 und 1:25 000. Damit sollen nicht nur Maßstabsvergleiche ermöglicht werden, hier soll der Betrachter auch ein Beispiel für allerbeste kartographische Arbeit bekommen.

Maßstab 1:100 000

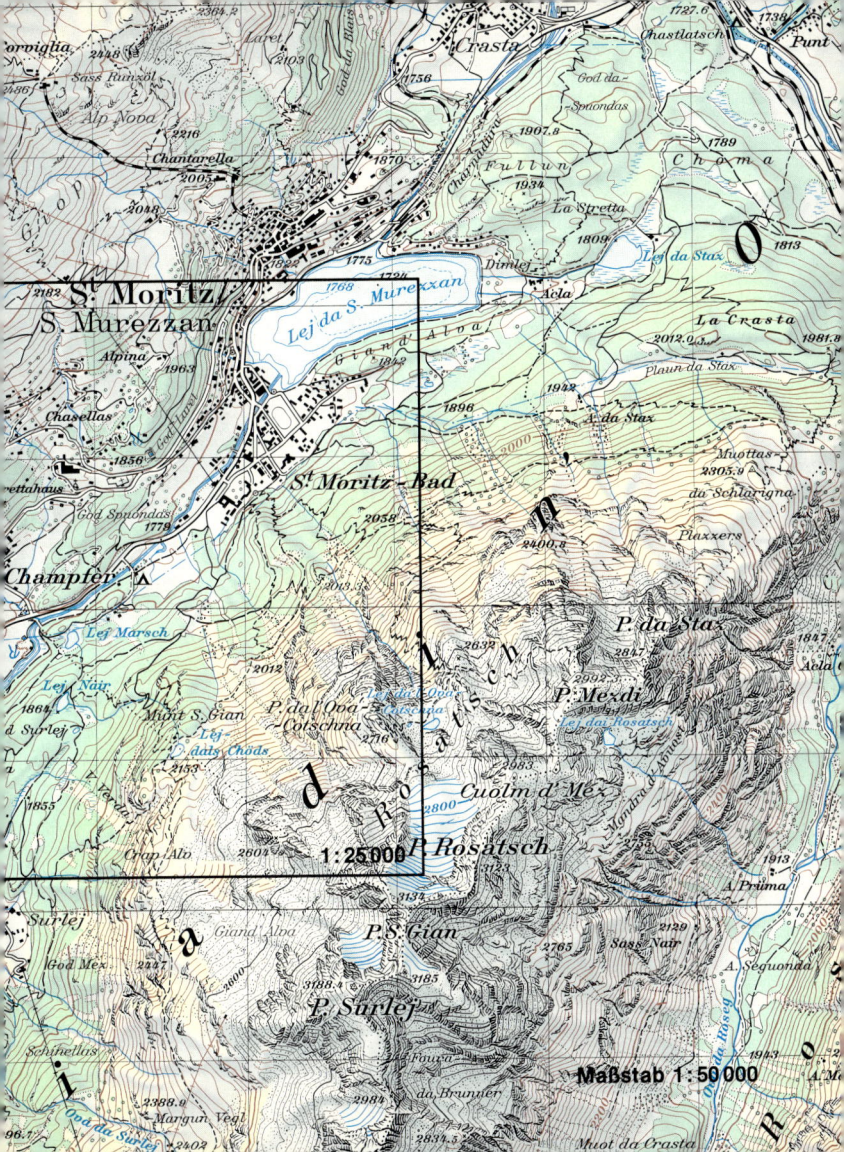

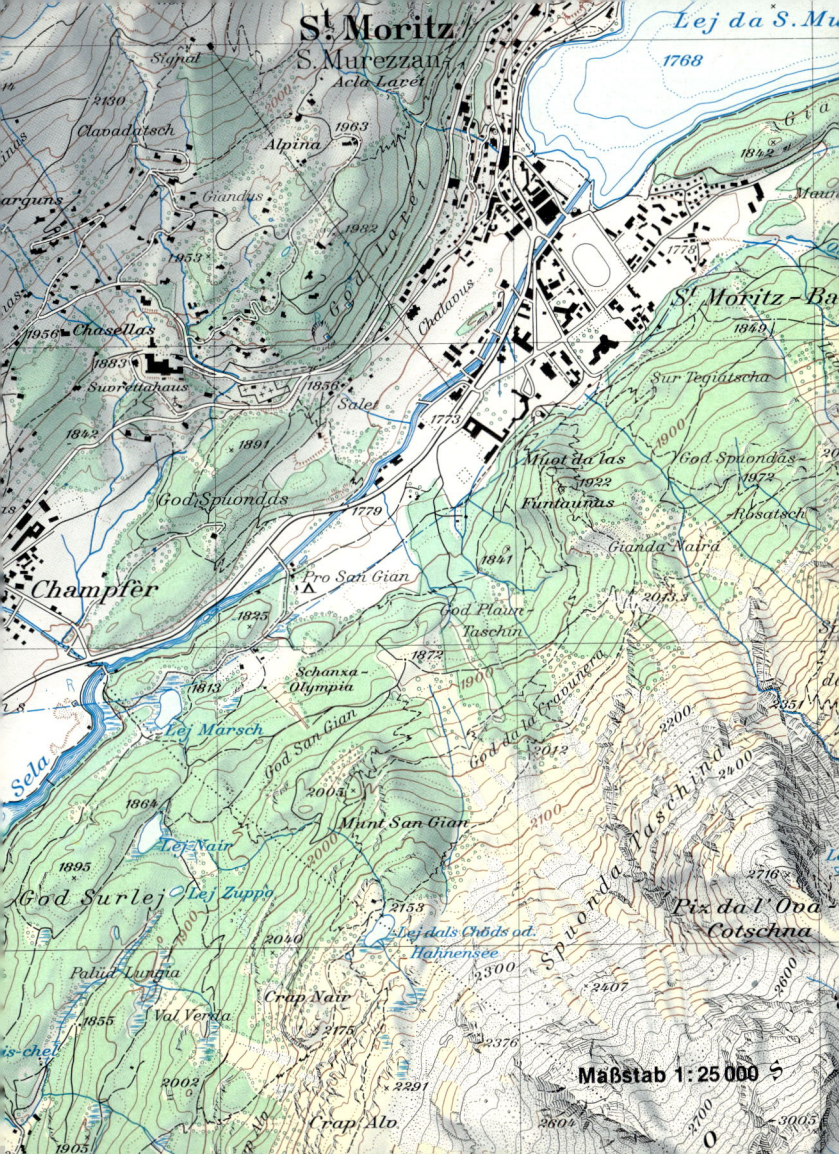

Piz Calderas 3397 m   Piz Güglia 3380 m
↓   ↓

Julierstraße

Blick von der Seilbahn-Bergstation am Piz Corvatsch (3295 m) nach NNW auf die Albulaberge mit den Massiven von Piz Ot, Piz Güglia und Piz d'Err. Dieses Gebiet zeigt auch unser Kartenausschnitt auf den Seiten 72/73, und zwar finden Sie es im Nordwestteil der Karte, also links oben. Es lassen sich sehr gut die einzel-

Piz Nair 3057 m   Piz Saluver 3159 m   Piz Ot 3246 m

Lej di Silvaplana   Silvaplana

nen Kämme verfolgen und wiedererkennen. Ein interessantes Beispiel zum Kartenlesen liefert der Piz Güglia (mit dem vorgelagerten Piz Albana); man kann die Formen auf Karte und Foto ausgezeichnet vergleichen, wofür man natürlich die genauere Karte der Seiten 74/75 im Maßstab 1:50000 benützen wird.

Hier noch einmal eine kurze Zusammenfassung der Kartentypen

Maßstab	Abstand der Höhenlinien	Eignung für:
1:100 000	50 m / 100 m	Übersicht
1:50 000	50 m / 100 m	Wandern auf Wegen
1:50 000	20 m	Orientierung im Gelände
1:25 000	20 m	Genaueste Orientierung im Gelände

Zum Abschluß noch einen Wunsch an die Alpenvereinssektionen: Sie sollten wesentlich mehr gute Karten anschaffen und an ihre Mitglieder ausleihen.

2. Was kann man von der Karte ablesen? Eine gute Karte bringt eine schier unerschöpfliche Fülle von Informationen. Viele Benützer beachten leider nur einen Bruchteil davon. Doch für die Orientierung im Gelände ist natürlich vieles wichtig. Hier eine kleine Zusammenstellung, was sich alles von einer Karte ablesen läßt.

a) *Symbole* auf der Karte. Die zahlreichen Symbole — vom Zeichen für ein Haus oder einen Wegweiser bis hin zur Darstellung von Straßen und Flüssen — werden auf der jeweiligen Legende erklärt. Deshalb ist eine Beschreibung an dieser Stelle nicht nötig.

b) *Oberflächendarstellung.* Leider gibt es für die Oberflächendarstellung keine Normen. So kann es bei den verschiedenen Kartentypen durchaus Abweichungen geben. Die folgende Aufstellung bringt die üblichen Bedeutungen der einzelnen Farbtöne.

Grundfarbe	Farbe der Höhenlinie	Bedeutung
weiß oder hellbeige	braun	Wiese, Weide, Matten
hellgrün	braun	Wald
grau	schwarz	Gestein
hellblau	(ev. blau)	Wasserfläche
weiß oder bläulich	blau	Gletscher

c) Die *Schummerung* bringt keine zusätzlichen Einzelheiten, sondern dient einzig der besseren Lesbarkeit — feine Tonunterschiede in der Grundfarbe vermitteln einen plastischen Eindruck. Die Schummerung entspricht einer Beleuchtung von Nordwest, sodaß diese Seite der Berge auf der Karte am hellsten, ihre Gegenseite, die nach Südosten schaut, am dunkelsten erscheint. Manche Karten verzichten auf die Schummerung; damit werden sie allerdings für den weniger Erfahrenen schwerer lesbar.

d) *Höhenlinien.* Dieses Detail ist so eminent wichtig, daß ihm anschließend ein sehr ausführliches eigenes Kapitel gewidmet wird.

3. Das Allerwichtigste: die Höhenlinien.

In den letzten Abschnitten wurden hauptsächlich Fakten gebracht; doch was nun folgt, ist der eigentliche Kern des Bücherls. Hier nützt es nichts mehr, das Geschriebene kurz zu überfliegen. Man muß sich ernsthaft damit beschäftigen und dazu ein genaues Hinsehen lernen. Schließlich haben ja auch die kleinsten Details ihre Bedeutung und müssen richtig eingeordnet und eingesetzt werden.

Doch in unserem Fall lohnt sich die Mühe wirklich. Wer es im Kartenlesen zur Meisterschaft bringt, der kann schon zu Hause – nur aus dem Kartenbild – eine Vorstellung von einem Berg oder von einer Landschaft gewinnen; er vermag seine eigene Route auszuknobeln, ja, er ist fähig, am Schreibtisch neue Tiefschneeabfahrten zu erfinden. Und das Beste: er wird sich in Zukunft im Gebirge wohl kaum noch verlaufen.

Sehr wichtig: Unsere Schule des Kartenlesens bezieht sich ausschließlich auf Karten im Maßstab 1 : 25 000 und Höhenlinien mit dem Abstand von 20 m.

Nun aber der Reihe nach zu den verschiedenen Bedeutungen der Höhenlinien:

a) *Höhenangaben.* Zu den wichtigsten Hilfen bei der Orientierung gehören die Höhen. Ein Beispiel: man steigt im Nebel über einen Rücken empor und weiß von der Karte, daß man in 2540 Metern Höhe die Hänge nach rechts queren muß, um die gegenüberliegende Scharte zu erreichen. Das ist eine relativ einfache Aufgabe, wenn der Höhenmesser exakt eingestellt ist (siehe Seite 101); ein fast unmögliches Unterfangen aber ohne dieses Hilfsmittel.

Auch auf guten Karten sind die Höhen nur an wenigen, markanten Punkten genau angegeben. Will man sie an anderer Stelle wissen, so braucht man die Höhenlinien. Mit ihrer Hilfe kann man jeden beliebigen Punkt bis auf 10 m genau auszählen. Alle 100 Meter (in Ausnahmefällen alle 200 Meter) sind die Linien verstärkt, so daß das Zählen kaum Mühe bereitet. Man muß nur dann vorsichtig sein, wenn Felsabbrüche dazwischenliegen; hier kann man leicht einmal eine Linie übersehen. Es ist ein bedauerlicher Mangel, daß die Höhenangaben zu den Linien (z.B. 2400) viel zu selten eingetragen sind. Manchmal steht z.B. in einem von Fels umgebenen Kar keine einzige Höhenangabe, und man weiß dann nicht, welche Linie zu welcher Höhe gehört.

Die Höhen, von denen wir im vorangegangenen Absatz gesprochen haben, nennt man Meereshöhen oder *absolute Höhen;* es gibt auch *relati-*

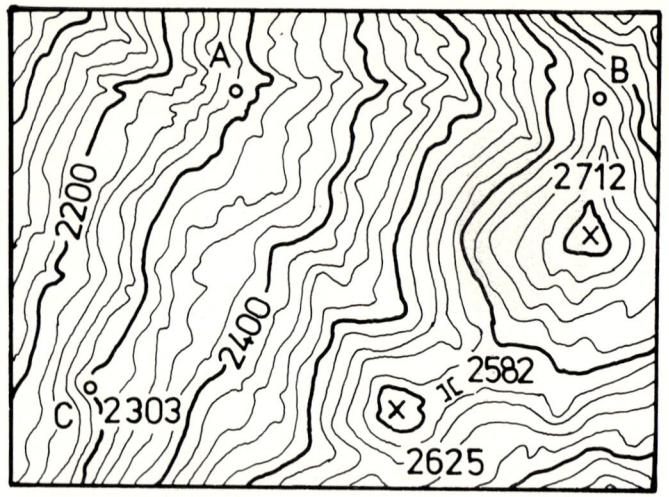

Höhen und Höhenunterschiede. Natürlich läßt sich immer dort, wo ein Punkt genau vermessen ist, die Höhe exakt aus der Karte ablesen. In unserem Fall sind es die beiden Gipfel mit 2712 m und 2625 m, die Scharte mit 2582 m und der von uns mit C gekennzeichnete Punkt mit 2303 m. Man kann jedoch auch die Höhe jeder anderen Stelle mit Hilfe der Höhenlinien auf etwa 10 m genau bestimmen (Abstand der Höhenlinien 20 m). So hat unser Hilfspunkt A eine Höhe von etwa 2280 m, Punkt B von etwa 2650 m (er liegt zwischen den Höhenlinien für 2640 m und 2660 m). Während die absoluten Höhen unterwegs für die Orientierung wichtig sind (Vergleich mit dem Höhenmesser), lassen sich aus den relativen Höhen, den Höhenunterschieden, Rückschlüsse auf die Gehzeiten ziehen. Das Feststellen der Höhenunterschiede ist eine simple Rechenaufgabe. Er beträgt zwischen Punkt C und dem höheren Gipfel 409 m, zwischen den Punkten A und B etwa 360 m. Bei der gleichmäßigen Neigung des Geländes kann man bei mäßig schnellem Gehen mit etwa 350 Hm (= Höhenmeter) pro Stunde rechnen. Man wäre demnach zwischen C und dem Hauptgipfel ca. 1 Std. und 10 Min. unterwegs, während man für die Strecke AB eine Stunde benötigt.

ve Höhen. Während sich die absoluten Höhen immer auf den Unterschied zum Meer beziehen, geben die relativen den Unterschied zwischen zwei beliebigen Punkten an, z.B. zwischen dem Talort und einem Gipfel. Die Bergsteiger sagen dazu meist *Höhenunterschied.* So hat die Zugspitze eine absolute Höhe von 2962 Metern, der Höhenunterschied zwischen dem Eibsee und dem Gipfel hingegen beträgt 1989 Meter (der Eibsee liegt 973 Meter hoch).

Bei meinen Skiführern habe ich für die Angabe des Höhenunterschiedes die Abkürzung Hm (= Höhenmeter) eingeführt. Die bisherige Gepflogenheit hat immer wieder zu schwerwiegenden Irrtümern geführt. Da heißt es zum Beispiel: „Nach 50 m muß man rechts abbiegen"; nun aber weiß der Benützer nicht, handelt es sich um 50 Meter Entfernung oder Höhe – was ja ein ganz gewaltiger Unterschied ist!

Die Höhenunterschiede sind auch die wichtigste Hilfe, um *Gehzeiten* zu errechnen. Man kann 300 bis 450 Hm (500) als Stundenleistung ansetzen. Das Vorankommen hängt von verschiedenen Faktoren ab:

● von der persönlichen Kondition
● von den äußeren Umständen (wie z.B. Rucksackgewicht, Hitze etc.)
● von der Art des Geländes (ist z.B. ein guter Weg vorhanden oder etwa pfadloses Steigen durch Alpenrosenfelder nötig).

Entfernungen spielen beim Berechnen der Gehzeit erst in flacherem Gelände eine Rolle. Im Ebenen kann man 4 bis 6 km pro Stunde rechnen. Diese Leistung wird je nach Gelände bis unter 2 km pro Stunde sinken (etwa auf Blockfeldern oder im Karst).

Noch ein Hinweis: Mancher ist erstaunt, wenn seine Berechnungen manchmal mit der Wirklichkeit nicht übereinstimmen und er wesentlich länger unterwegs ist. Häufig werden die Karten nicht sorgfältig genug angeschaut und dadurch die Gegenanstiege übersehen.

b) *Neigungen* (Steilheit) sind das nächste Detail, das sich mit großer Sicherheit aus einer guten Karte ablesen läßt. Unsere Skizzen demonstrieren das Wesentliche. Für den Bergsteiger, der eine pfadlose Tour plant, spielt bei der Routenwahl der Abstand der Höhenlinien, das heißt die Steilheit des Geländes, eine wichtige Rolle. Wenn möglich wird er die Steilstufen vermeiden, die ja doch immer mehr Mühe verlangen; aber auch allzu flache oder ebene Passagen sollte er zu meiden suchen, kosten diese doch zusätzliche Zeit.

Ungleich mehr aber noch ist der Skitourenfahrer von der Steilheit abhängig. Deshalb muß gerade er sich unbedingt ein ganz exaktes Betrachten der Karte angewöhnen, kann doch schon das nahe Zusammenrücken von lediglich zwei Höhenlinien darauf hinweisen, daß eine Passage unmöglich ist. Auch für das Erkennen einer Lawinengefahr ist bekanntlich die Hangneigung der wichtigste Faktor.

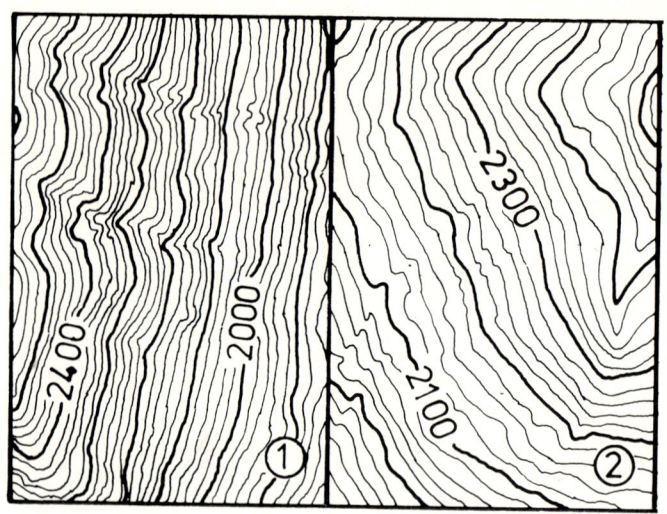

Auch für die Orientierung im Nebel spielt sie eine Rolle. Doch Achtung! Bei schlechter Sicht ist die tatsächliche Neigung eines Hanges manchmal schwer abzuschätzen, auch kann man bei Nebel eine Ministufe leicht mit einem echten Steilhang verwechseln.

Durch Übung und Erfahrung muß man ein untrügliches Gefühl dafür entwickeln, welche Neigung eines Hanges, Grates usw. welchem Abstand der Höhenlinien entspricht (und umgekehrt).

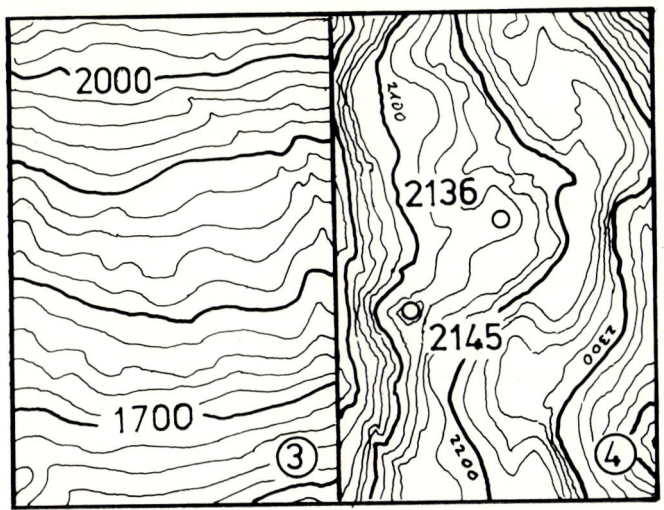

Hangneigungen.

Kärtchen 3: Unregelmäßiges, aber insgesamt nur mäßig steigendes Gelände.

Kärtchen 4: In der Bergwelt sind große, glatte Hänge selten; viel häufiger tritt stark gegliedertes Gelände auf, wie wir es auf dieser Skizze zeigen. Neben fast ebenen Böden und flachen Köpfen gibt es wieder extrem steile Stufen. Liegen die Höhenlinien so nahe zusammen, daß sie sich fast berühren, dann handelt es sich fast immer um felsige Abbrüche, nur in Ausnahmefällen vielleicht einmal um Gras (wie bei den Grasbergen des Allgäus). Die steilsten Stellen unseres Kärtchens sind also nicht begehbar, sie könnten allenfalls mit Kletterei überwunden werden. Auch der Steilhang in der Nordostecke würde schon perfekte Trittsicherheit erfordern. Eine der wichtigen Hilfen der Landkarten ist es ja gerade, das für den Auf-und Abstieg günstigste Gelände herauszufinden.

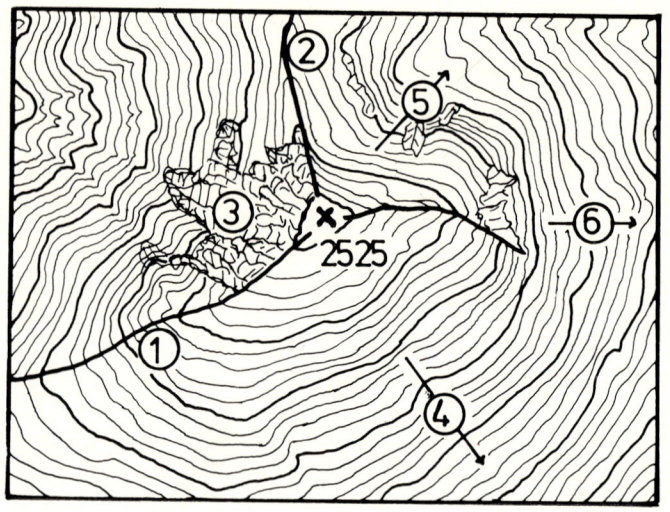

Benennungen
1 – Westsüdwestgrat (im allgemeinen Sprachgebrauch: Westgrat);
2 – Nordgrat; 3 – Westflanke; 4 – Südosthang; 5 – Nordostflanke
(bei der Pfeilspitze: Nordostkar); 6 – Osthänge des Ostgrates.

c) *Richtungen* von Hängen und Graten. Da es — erstaunlicherweise —
in der Bezeichnung von Graten usw. immer wieder Irrtümer gibt, folgt
hier ein Kärtchen dazu. Grundsätzlich gilt folgendes: Grate werden immer nach dem Gipfel benannt, von dem sie ausgehen. Zieht der Grat
vom Gipfel nach Norden, dann handelt es sich um einen Nordgrat.
Steht ein Bergsteiger in einer Scharte eines ost-westlich verlaufenden
Kammes zwischen den Bergen a und b, so hat er östlich von sich den
Westgrat des Berges a, westlich von sich den Ostgrat des Berges b. Bei
Hängen, Flanken und Wänden wird die Bezeichnung nach dem Gipfel,
dem Grat, dem Plateaurand usw. darüber vorgenommen. Man sieht
daran, daß die Bezeichnung immer nach dem erfolgt, *was oberhalb ist.*
Es gibt deshalb z.B. keinen Nordhang eines Bachtales, sondern nur ei-

Hier als Beispiel für die Benennungen eine Aufnahme der Aiguille Rousse (3482 m, Gebiet Val d'Isère) und zwar genau von Norden. So führt vom Gipfel nach rechts ein Westgrat, nach links ein Ostgrat hinab, vorne im Gletscher fußt der Nordsporn. Die Firnwand mit den zwei Schründen würde man am treffendsten als Nordostflanke bezeichnen, das kleine Schneewändchen, das teilweise den rechten Grat begleitet, als Nordflanke des Westgrates.

nen Hang südlich über dem Bach. Und wird in einer Beschreibung die „Nordwand des Kares" erwähnt, dann kann sich das nur um eine Wand handeln, mit der das Kar in tiefere Regionen abbricht, die sich also unterhalb des Karendes befindet. Doch derartige Bezeichnungen sind nicht üblich.

Die Richtung eines Grates wird wohl nun jeder auf der Karte leicht erkennen; in der Natur kann man sie mühelos mit dem Kompaß bestimmen. Bei Hängen jedoch mag das manchem nicht so klar sein. Hier ist es die Fallinie, die in der Natur die Richtung und damit die Bezeichnung bestimmt; auf der Karte steht sie senkrecht zu den Höhenlinien. Verlaufen die Linien z.B. exakt von Norden nach Süden, dann handelt es sich um einen Ost- oder Westhang.

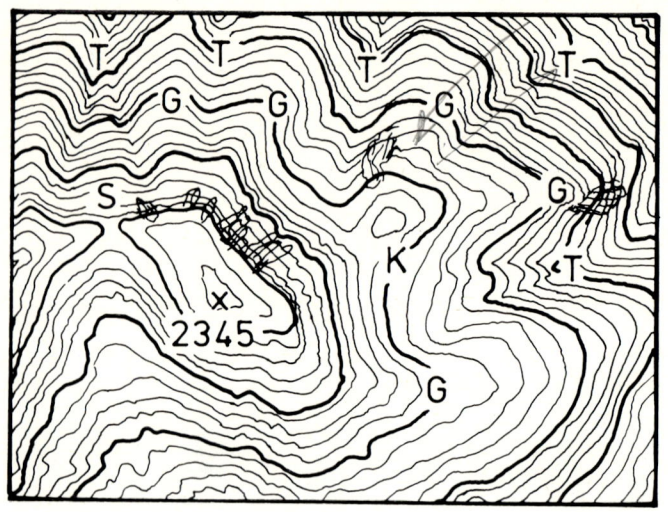

d) *Geländeformen.* Damit sind wir beim wichtigsten und umfangreich-
sten Abschnitt zum Thema Kartenlesen angelangt. Der Verlauf der Höhenlinien (ihre Krümmung) zeichnet für den Eingeweihten ganz plasti-

sche Bilder. Als erstes einmal gibt er die Grobformen wie Täler, Grate, Gipfel, Hänge, Böden usw. an.

Manchem fällt es schwer, auf der Karte nach den Höhenlinien zu entscheiden, ob es sich um ein kleines Tal oder eine Rippe, um eine Mulde oder einen Rücken handelt. Dazu eine „Eselsbrücke": schauen die Ausbuchtungen, die die entsprechenden Höhenlinien zeigen, hangaufwärts, dann stellt das ein Tal bzw. eine Mulde dar, schauen sie hangabwärts, handelt es sich um einen Grat oder einen Rücken.

Bekanntlich können zum Beispiel Grate die unterschiedlichsten Formen haben (vom breiten Rücken bis zur messerscharfen Schneide). Aus einer guten Karte kann man diese Formen exakt herauslesen (bei Felsgraten jedoch nur bedingt). Was alles möglich ist, wollen wir hier mit Kärtchen und Zeichnungen einmal gründlich durchspielen. Entsprechendes gilt natürlich für alle anderen Geländeformen wie Täler usw.

Gratformen.

Kärtchen 1: Hier handelt es sich um zwei sehr schmale, ja messerscharfe Schneiden, laufen doch die Höhenlinien auf der Grathöhe jeweils extrem spitz zusammen. Die obere Skizze zeigt die ganz typische Form einer (noch jungen) Moräne, die auf der Nordostseite einem relativ gleichmäßigen Hang aufsitzt. Am Nordwestende verzweigt sie sich in zwei Kämme. So ausgeprägte und glatte Schneiden wie auf der unteren Skizze gibt es vor allem im Schieferbereich. In einem Punkt unterscheiden sich die beiden Grate: Die Moräne steigt kräftiger an. Man erkennt dies am Abstand der Höhenlinien auf der Gratkante. So steigt der obere Grat zwischen den Pfeilen bei x um 100 m, der untere bei y nur um 20 m (bei gleicher Entfernung), ist also auf einer Länge von 350 m fast eben.

Kärtchen 2: Vergleichen wir diese beiden Grate mit jenen im Kärtchen 1, so ergibt sich ein Hauptunterschied: Sie steigen steil, teilweise sehr steil an. Das läßt sich an der raschen Aufeinanderfolge der Höhenlinien erkennen. Bei 1 km Entfernung steigen hier die Grate um 500 m, im Kärtchen 1 um 300 m bzw. um 100 m. Voneinander unterscheiden sie sich vor allem durch die Ausbildung der Gratkante. Im oberen Fall ist diese ausgesprochen schmal, sie hat etwas Kantenartiges (spitz zulaufende Höhenlinien in schneller Fol-

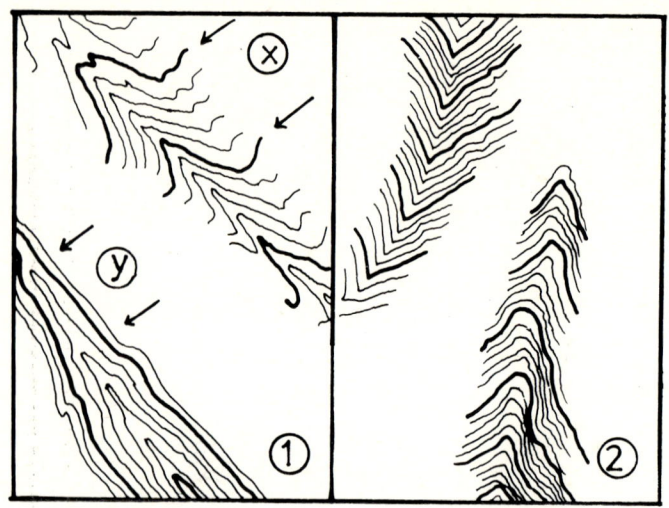

ge). Bei der unteren Zeichnung beschreiben die Höhenlinien jedoch einen kleinen Bogen. Es handelt sich also um einen zwar schmalen, aber abgerundeten Rücken. Im südlichen Teil dieses Grates fällt die unterschiedliche Neigung der seitlichen Flanken auf. Im Osten begleitet den Kamm eine besonders steile Stufe (Felsstreifen), im Westen handelt es sich um gleichmäßige Steilhänge.

Kärtchen 3: (Skizze folgende Seite): Vergleichen wir nun auch diese beiden Grate mit jenen in den Kärtchen 1 und 2, so ergibt sich wieder ein Hauptunterschied: Hier haben wir breite Rücken vor uns, während es sich in den ersten vier Fällen um schmale Schneiden handelte. Als nächstes fällt sofort auf, daß beide Rücken nur mittelsteil ansteigen. In der Form jedoch unterscheiden sie sich stark voneinander. Bei dem oberen Beispiel laufen die Höhenlinien in einem weiten Bogen um den Grat, sie stellen also einen abgerundeten Rücken dar, der in der Mitte relativ flach ist und zu den seitlichen Flanken hin gleichmäßig immer steiler wird. Die Höhenlinien am unteren der beiden Grate hingegen weisen regelrechte Ecken auf. Hier ist der Gratfirst wie ein Pult, das – vor allem im oberen Teil –

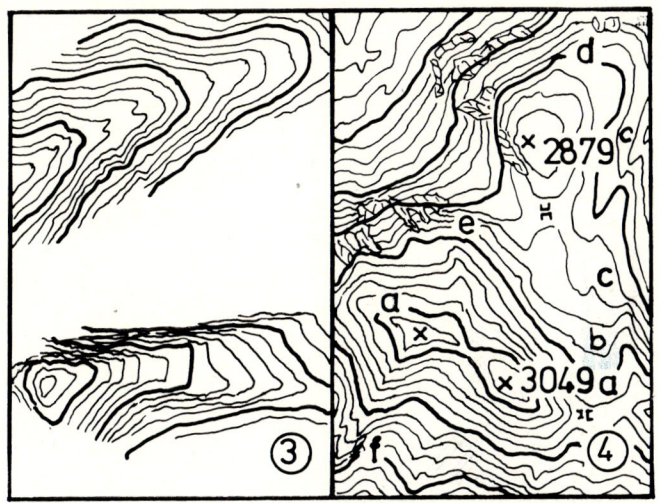

recht unvermittelt in die seitlichen Hänge abbricht. Diese Form bezeichnet man auch als Gratdach. Noch ein Hinweis für die Praxis: Beide Rücken lassen sich nicht nur zu Fuß sondern auch mit Ski bequem begehen. Die Karte zeigt dies unmißverständlich, während man aus den Tälern im Norden und Süden der Berge jeweils nur die äußerst steilen und für den Skifahrer unbegehbaren Flanken erkennen kann.

Kärtchen 4: In den ersten drei Kärtchen haben wir besonders markante Formen gezeigt. Studieren Sie nun noch – als eine Art Übung – dieses Kärtchen mit seinem ungleich komplizierteren Gelände. Um Ihre Eigeninitiative anzuregen, werden nur ganz kurze Hinweise gegeben.

a – der Hauptkamm des Berges; b – eine Rippe im Gelände; c – eine eigenartige, im weiteren Verlauf kräftig ausgeprägte, quer durch den Hang laufende Rippe (vermutlich durch eine besonders harte Gesteinsschicht entstanden); d – ein ganz breiter Rücken; e – eine kaum hervortretende Rippe, die sich dann in den Steilhängen verläuft; f – eine etwas stärker ausgeprägte, kantenartige Rippe.

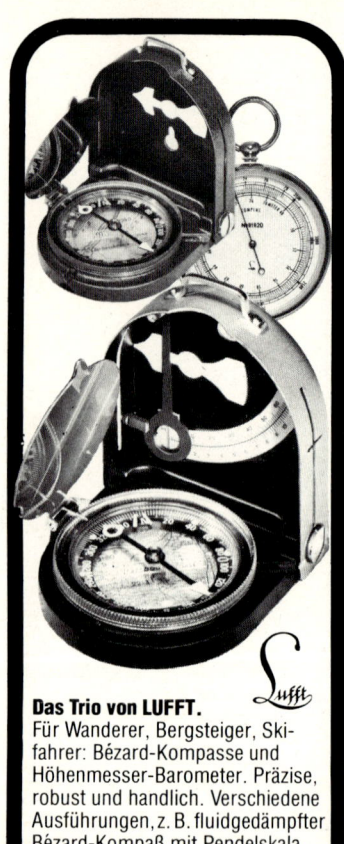

*Felsgrate wie dieser (Gipfel des
Schwarzen Kopfes, Zillertaler Al-
pen) lassen sich natürlich auf einer
Karte nicht darstellen.*

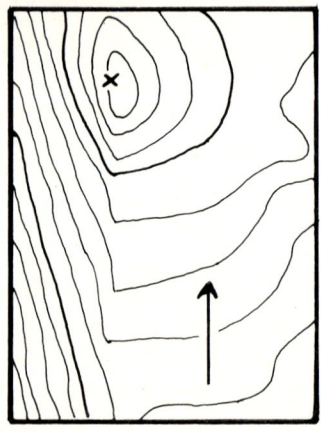

Hier noch zu dem Thema „Gratformen und ihre Darstellung durch
die Höhenlinien" eine Art Vergrößerung. So aus der Nähe lassen sich
nämlich die Formen auf den Fotos
besonders genau erkennen. Natürlich
haben hier die Höhenlinien nur noch
einen Abstand von wenigen Metern.
Das Kreuz ist der Standpunkt der
Person.

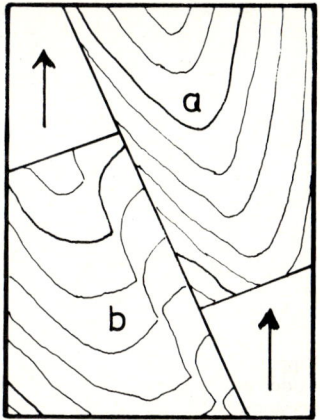

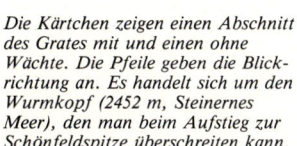

Die Kärtchen zeigen einen Abschnitt des Grates mit und einen ohne Wächte. Die Pfeile geben die Blickrichtung an. Es handelt sich um den Wurmkopf (2452 m, Steinernes Meer), den man beim Aufstieg zur Schönfeldspitze überschreiten kann.

Charakteristisches Gelände. Die mäßig steilen Hänge zwischen 2300 m Höhe und dem Südrand des Kärtchens bestehen ohne Zweifel aus einem relativ weichen, stark verwitternden Gestein (Schiefer). Ein untrügerisches Kennzeichen dafür sind die kleinen Bachläufe, die alle ausnahmslos als scharfe Gräben ins Gelände eingefressen sind. Hier kann man auch mit Sicherheit – trotz der schon relativ großen Höhe – mit einem üppigen Graswuchs und einer schönen Flora rechnen, ja, das Gelände kann sogar unangenehm feucht sein.

e) *Charakter.* Da das Aussehen eines Berges, ja, manchmal einer ganzen Landschaft bis zu einem gewissen Grad von der Art des Gesteins abhängt — am stärksten wird dies beim Karst sichtbar — lassen sich aus der Karte sogar gewisse Rückschlüsse auf den Charakter ziehen. Ein besonderes Beispiel dafür ist das Wimbachgrieß mit den Palfenhörnern. Vor allem die Alpenvereinskarte „Steinernes Meer" zeigt recht plastisch das so ungemein zerfurchte Gelände mit unzähligen Rinnen, Rippen, Köpfchen, Türmen. Rechnet man die schier endlosen Schutthalden dazu, dann kann man fast mit Sicherheit auf ungewöhnlich zerborstenes, splittriges Gestein (Ramsaudolomit) schließen.

Die Skizze zeigt das ganz typische Bild eines Mini-Karstplateaus – so kann nichts anderes ausschauen! Es handelt sich um eine nach Nordosten geneigte Hochfläche, die dann steil in die umliegenden Täler abbricht. Der vollkommen unregelmäßige Verlauf der Höhenlinien, das Vorhandensein von kleinen Kuppen und einem Kessel (wird durch den Pfeil angezeigt), all

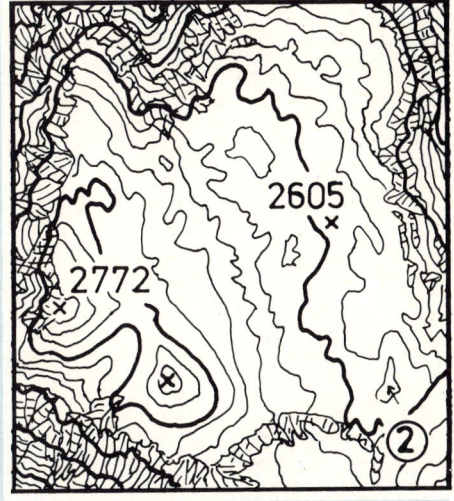

dies kommt nur im verkarsteten Gelände vor. Da das Wasser im Karst nicht oberirdisch abfließt, sondern in Löchern (Dolinen) und Klüften verschwindet, kommt es nicht zur Bildung von Tälern, Graten und Rippen. Es prägen sich wellige, völlig unregelmäßige Flächen aus, die ihre Grobformen von den einstigen Gletschern erhalten haben, danach aber dann einer geringeren Verwitterung ausgesetzt waren (und sind) als andere Oberflächenformen.

Es würde den Rahmen dieses Büchleins sprengen, auf das Thema detailliert einzugehen. Diese wenigen Zeilen mit diesem einen Beispiel und die beiden Skizzen mögen als Anregung genügen.
Jetzt zur Ergänzung noch ein praktischer Vergleich zwischen Natur (Foto), Karte und Routenbeschreibung (Seite 98):
Lieber Leser! Wir haben uns bemüht, Ihnen alles Wissenswerte genau darzustellen. Nun liegt es an Ihnen, auch etwas daraus zu machen. Das Kartenlesen fliegt niemandem zu, das müssen Sie ganz systematisch er-

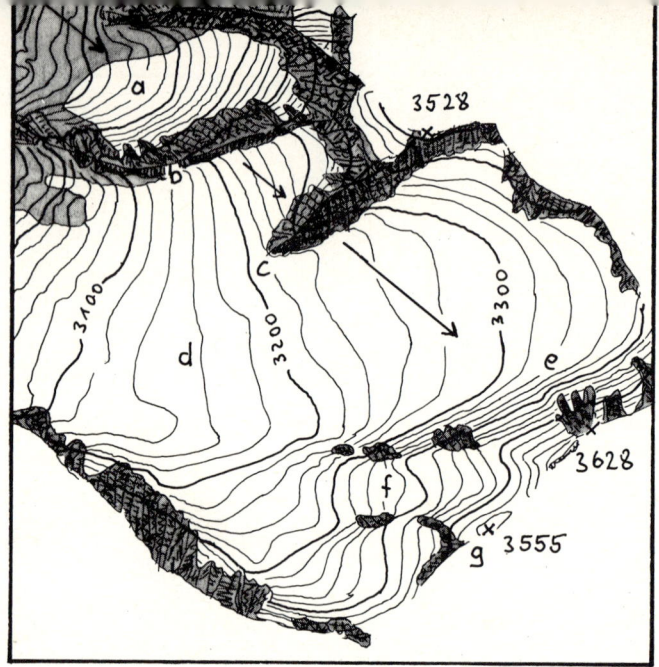

Hintere Schwärze und Mutmalspitze (Ötztaler Alpen)

a) Nicht nur dieses Gletscherbecken erkennt man wieder, sondern auch die einzelnen Schneezungen, die in die Felsen hinaufreichen.

b) Dieser Felsgrat ist auf Foto und Skizze ganz typisch.

c) Wo dieser Felssporn in den Marzellferner eintaucht, zeigt er eine unverwechselbare Form.

d) Der Marzellferner bildet ein sanftes, ganz flaches Becken.

e) Gut ist das Nebeneinander von glatter Eiswand und eingesprengten Felsinseln auf Foto und Skizze zu erkennen.

f) Diese schräge Gletscherrampe verleiht der Hinteren Schwärze von Norden gesehen ihr ganz charakteristisches Aussehen.

g) Unverkennbar ist dieses Felsdreieck auf der Westseite der Marzellspitze.

Routenbeschreibung zur Mutmalspitze (3528 m, linker Gipfel des Fotos auf Seite 91). Wir beginnen mit der Beschreibung dort, wo die Route von rechts ins Foto kommt.

Ein nördlicher Nebenarm des Marzellferners zieht zwischen dem Westgrat und dem Südwestsporn der Mutmalspitze empor. Über den nur mäßig geneigten Gletscherarm in das obere Becken. Jetzt nach rechts (Süden) und über eine kurze Firnwand (bis 42°) auf die deutliche Schulter des Südwestsporns (wo der Schnee bis zum Grat hinaufreicht). Um den ersten Grataufschwung südlich in brüchigem Fels herum, dann über Schutt, später über Schnee zum schmalen Gipfelgrat und auf den höchsten Punkt.

Sie sollten sich nun die Mühe machen und diese Beschreibung genau mit Skizze und Foto vergleichen. Sie werden erstaunt sein, wie gut man alles wiedererkennt.

lernen, ja, noch mehr, Sie müssen es „ins Gefühl bekommen". Ich darf dies noch einmal am gleichen Beispiel verdeutlichen: Wenn Sie den Abstand der Höhenlinien auf der Karte betrachten, dann sollten Sie sofort erkennen, wie steil der hier gezeichnete Hang in Wirklichkeit aussieht. Zu diesem „Gefühl" kann aber nur die praktische Arbeit unterwegs verhelfen — das häufige und ganz bewußte Benützen der Karte.

Dazu gehört natürlich auch, daß Sie die Karte nicht tief im Rucksack vergraben, sondern diese immer parat haben. Am handlichsten ist es, man schafft sich eine durchsichtige Plastikhülle an und falzt die Karte so, daß das benötigte Stück nach außen schaut. Man spart sich damit das häufige Aufschlagen und Suchen und schont auch die Karte (vor allem bei Regen oder Schneefall). Beim Gehen verstaut man sie dann in der Anoraktasche oder in der Rucksackaußentasche (nicht jedoch in der Gesäßtasche der Hose, denn dort verliert man sie zu leicht, und das könnte böse Folgen haben). Wenn Sie sich zudem den Höhenmesser um den Hals hängen und ihn in die Hemdentasche schieben und auch den Kompaß in der Nähe haben, dann kostet die Orientierung unterwegs nicht viel Zeit und Mühe.

Bei einem guten Höhenmesser – wie diesem Modell – entspricht eine Nadelumdrehung 1000 m. In dem kleinen Fenster erscheinen die Tausender, die hier – etwas unglücklich – in Kilometern angegeben werden. Die inneren Skalen betreffen den allgemeinen Luftdruck.

4. Der Höhenmesser. Bei der Orientierung im Gelände kommt dem Höhenmesser wesentlich mehr Bedeutung zu als dem Kompaß, den man normalerweise erst bei Nebel braucht. Man sollte sich auf jeden Fall ein gutes Gerät kaufen. Eine Nadelumdrehung muß 1000 Metern Höhe entsprechen. Derartige Höhenmesser sind teuer aber als einmalige Anschaffung sicher zu verkraften. Man versieht sie mit einem Band, um ein Hinunterfallen zu vermeiden.

Über den Gebrauch gibt es nicht viel zu sagen: die jeweilige Höhe wird einfach abgelesen. Man sollte es sich jedoch angewöhnen, unterwegs den Höhenmesser immer wieder richtig einzustellen, wenn man an einem Punkt vorbeikommt (Hütte, Scharte etc.), dessen genaue Höhenkote man aus der Karte kennt.

Die Notwendigkeit des Nachstellens ergibt sich aus folgender Tatsache: das Gerät — das ja nichts anderes als ein *Barometer* ist — zeigt nicht nur Höhenänderungen, sondern auch witterungsbedingte Schwankungen des Luftdrucks an (sie können mehreren hundert Metern Höhe entsprechen; die Änderungen erfolgen allerdings langsam). So läßt sich natürlich der Höhenmesser auch als Barometer einsetzen. Doch Vorsicht! Bei flüchtigem Betrachten kann der Laie leicht verwirrt werden. Falls sich der Höhenmesser z.B. während der Nacht auf der Hütte verändert hat, so gilt:

Höhenmesser steigt → Luftdruck sinkt → Wetterverschlechterung
Höhenmesser fällt → Luftdruck steigt → Wetterbesserung

Man muß sich dabei nur klar machen, daß mit steigender Höhe eben der Luftdruck absinkt. Und die Druckunterschiede beim Wettergeschehen werden ja schon aus den Bezeichnungen Hochdruck- und Tiefdruckgebiet ersichtlich.

5. Der Kompaß.

Jeder weiß, daß der Kompaß die Himmelsrichtungen anzeigt. Es gibt bekanntlich ein Erde-Magnetfeld mit einem Nord- und einem Südpol, das die Nadel des Kompasses nordsüdlich ausrichtet. Der geographische und dieser magnetische Nordpol stimmen jedoch nicht ganz überein. Deshalb ist auf der Kompaßskala neben der Nordmarkierung ein zusätzlicher Punkt angegeben, eben jener magnetische Nordpol. Will man die Himmelsrichtungen exakt ablesen, muß die Nordnadel auf diesen Punkt zeigen. Die Differenz zwischen den beiden Nordpolen nennt man Mißweisung.

Ein guter Kartenleser braucht den Kompaß erst bei Nebel. Dann aber ist er unbedingt notwendig, denn ohne feste Anhaltspunkte verliert auch der Erfahrene bald die Übersicht, das Gefühl für die Himmelsrichtungen. Jeder kennt Berichte von Bergsteigern, die auf Schneefeldern im Kreis gelaufen sind — ein Phänomen, das seine Ursache in der verschiedenen Schrittlänge von rechtem und linkem Bein hat.

Ein *Kompaß* sollte deshalb *immer* die Ausrüstung vervollständigen. Alle sonst empfohlenen Hilfsmittel sind im Gebirge wertlos. So kann man zwar bei Sonnenschein mit Hilfe einer Uhr die Südrichtung bestimmen, doch schon bei einer dichten Wolkendecke funktioniert diese Methode nicht mehr. Auch auf Wächten, die angeblich immer an den Ostseiten zu finden seien, ist kein Verlaß (man denke nur an den Föhn). Ähnliches gilt für Moos an Bäumen und Steinen, für Windflüchter usw.

Für das Zurechtfinden nach der Karte reicht ein einfacher Kompaß. Das Peilen jedoch und die Technische Orientierung verlangen nach einem Gerät mit Spiegel, Peilvorrichtung und durchsichtigem Gehäuse. Eine 360-Grad-Einteilung ist heute das Übliche. Durch linealartige Platten, auf die die Kompasse montiert sind, vereinfacht sich das Arbeiten auf der Landkarte und man spart sich damit in vielen Fällen ein separates Lineal.

Einen echten Fortschritt bieten jene Geräte, bei denen die Funktion des Spiegels durch ein sogenanntes Optisches Sichtsystem ersetzt ist. Das Peilen wird damit genauer.

Noch ein Hinweis: Eisen, und verstärkt alles Magnetische, lenken die Kompaßnadel ab. Man sollte deshalb beim Messen nicht gerade den Eispickel oder gar einen Belichtungsmesser in der gleichen Hand halten.

Rechts: Ein Kompaß, der auch den Anforderungen für die technische Orientierung entspricht (durchsichtiges Gehäuse, Peilvorrichtung – in diesem Fall mit Spiegel, Anlegekante).

Unten: Kompaß mit einem optischen Sichtsystem, das ein genaueres Peilen ermöglicht.

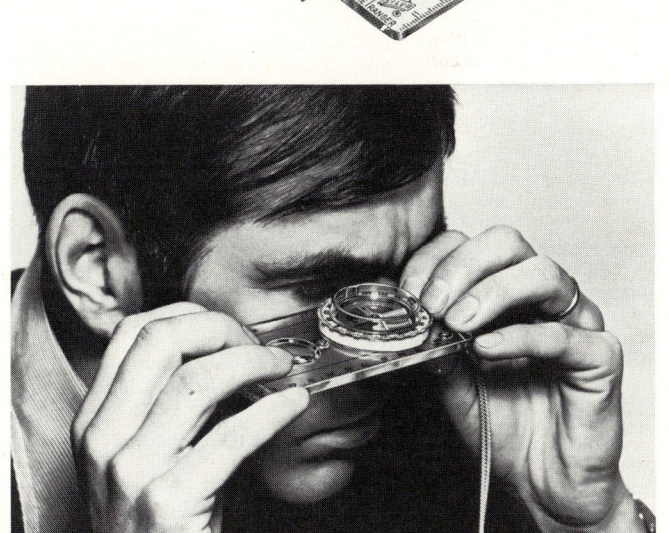

6. Zusätzliche Hilfen: Auskünfte mündlich und gedruckt. Auf Seite 12 haben wir empfohlen, sich vorab über die geplante Tour möglichst genau zu informieren. Hier eine Aufstellung, was einem dabei — außer der Karte — helfen kann:

a) *Führer*. Das ist natürlich die mit Abstand wertvollste Hilfe. Fast alle Gebiete der Ostalpen und die wichtigsten Westalpengruppen werden heute in den sogenannten *Alpenvereinsführern* (AV-Führer; in der Schweiz SAC-Führer) ziemlich ausführlich behandelt. Zu deren Aufgabenstellung gehört es, Beschreibungen aller nennenswerten Aufstiege zu bringen, die Gipfelwanderungen auf angelegten Wegen ebenso, wie die Kletterrouten in den höchsten Schwierigkeitsgraden.

Außerdem sind sogenannte *Spezialführer* auf dem Markt, die sich jeweils an einen ganz bestimmten Kreis, wie Kletterer, Skifahrer, Mineraliensucher usw. wenden. Eine dritte Kategorie sind dann die *Auswahlführer*. Sie selektieren aus einer Fülle von Möglichkeiten einzelne, ausgesuchte Ziele und beschreiben diese relativ ausführlich. In den letzten Jahren sind zahlreiche neue Bücher und Führer dieser Richtung auf den Markt gekommen. Der Käufer sollte sie sehr kritisch miteinander vergleichen, denn manche sind von der Qualität her unzureichend.

b) In alpinen *Zeitschriften* erscheinen zuweilen Artikel von fähigen Autoren, denen es gelingt, mit Wort und Bild beim Leser schon einen relativ plastischen Eindruck entstehen zu lassen. Oft wird dabei bereits auf die Schwierigkeiten — auch in der Orientierung — hingewiesen.

c) *Fotos* werden als Hilfsmittel stark vernachlässigt. Dabei wären informative Aufnahmen oft die beste Ergänzung zur Karte. Ich habe in den letzten zwanzig Jahren alles entsprechende Material aus Zeitschriften, Kalendern usw. gesammelt, ausgeschnitten und geographisch geordnet. Heute kann ich mich dadurch über sehr viele Berge und Routen schon zu Hause informieren.

d) *Auskünfte*. Jeder steht manchmal vor Fragen dieser Art: ist es für mich besser, den Hinterspitz über den Süd- oder über den Ostgrat zu besteigen? Läßt sich diese Frage weder mit dem Führer noch mit der Karte beantworten, dann horcht man am besten ein wenig herum, fragt Bergführer, Hüttenwirte, Gendarmen, Hirten usw. Man kann sich von kompetenten Personen auch erklären lassen, wie man sich an einer komplizierten Stelle zurechtfindet oder wo sich bei der geplanten Skitour der Waldgürtel durchqueren läßt.

Fotos werden als Hilfsmittel für die Orientierung noch immer viel zu wenig verwendet. Das liegt wohl in erster Linie an dem Fehlen geeigneter Aufnahmen. Dieses Bild der Lempersberg-Südosthänge (Kitzbüheler Alpen) sagt bestimmt so viel aus wie eine gute Beschreibung. Hat man es unterwegs dabei, dann hilft es in ganz entscheidender Weise beim Zurechtfinden.

7. Technische Orientierung. „Grau ist alle Theorie . . .". Diese Worte treffen in ganz besonderem Maß auf das Lehren der technischen Orientierung zu. Hier traktiert man den alpinen Schüler nicht nur mit Unnötigem, nein, man flößt ihm eine Sicherheit ein, die es in den Bergen nicht gibt. Es ist eine ausgesprochen unzuverlässige Sache, etwa mit Hilfe einer Marschtabelle über einen zerschründeten Gletscher eine bestimmte Scharte anzusteuern. Dabei tritt die gleiche psychologische Wirkung zutage wie bei den elektrischen Lawinensuchgeräten. Mancher (und leider sind das gar nicht so wenige) riskiert mit einem Pieps in der Tasche ungleich mehr als ohne; eine ähnlich trügerische Sicherheit vermittelt die technische Orientierung.

Das *Rückwärts-Einschneiden* soll es ermöglichen, mit Hilfe von Kompaß und Karte, den eigenen Standpunkt zu bestimmen. Die Methode ist klar: mit dem Kompaß peilt man zwei bekannte Punkte an, etwa zwei Gipfel. Die festgestellten Winkel trägt man als zwei Linien auf der Karte ein (siehe Zeichnung) und erhält dann als Schnittpunkt dieser Linien den eigenen Standpunkt.

Hier haben wir ein Paradebeispiel für das Unsinnige dieser Methoden:
a) Wer bei nebelfreiem Wetter seinen eigenen Standpunkt (oder den Namen eines Gipfels) nicht an Hand der Karte feststellen kann, dem fehlt das unerläßliche Können im Kartenlesen. Und in dem Moment, in dem auch dem Kartenleser eine Hilfe lieb wäre, nämlich bei Nebel, versagt die Methode des Rückwärts-Einschneidens ja völlig.
b) Hat man einen Tisch zur Verfügung, auf den man die Karte legen kann, und ein langes Lineal, dann mag man zu einigermaßen genauen Ergebnissen kommen (wirklich präzise wird es auch dann nicht!). Doch ist man bei Wind und Wetter unterwegs, und läßt sich die Karte nur auf Schutt oder Schnee ausbreiten, dann wird das Meßergebnis allzu ungenau und damit unbrauchbar.
c) Alle Karte-Kompaß-Methoden verschlingen viel Zeit. Beim Üben mag das belanglos sein, im Ernstfall aber kann viel daran hängen.

Rückwärts-Einschneiden. Unsere Aufgabe: Wir stehen im Tal zwischen den Bergen Y und Z und wollen nun mit Hilfe des Kompasses unseren Standpunkt auf der Karte feststellen. Dazu müssen uns zwei Punkte in der Umgebung bekannt sein, in unserem Fall die Gipfel X und Y. Wir gehen nun folgendermaßen vor:
1.) Der Gipfel X wird mit dem Kompaß angepeilt, wozu wir die entsprechende Vorrichtung verwenden wie Kimme und Korn, Anlegekante, Pfeil usw.
2.) In dieser Stellung wird die Kompaßdose gedreht, bis der Nordpol der Nadel mit der entsprechenden Markierung übereinstimmt (Mißweisung beachten). Jetzt lesen wir die Marschzahl ab (in unserem Fall 13).
3.) So eingestellt legen wir den Kompaß auf die Karte und lassen das von der Dose entfernte Ende der Anlegekante durch Punkt X laufen. Eventuell muß man die Anlegekante mit einem Lineal etc. verlängern.
4.) Jetzt drehen wir den gesamten Kompaß so lange, bis die Hilfslinien im Kompaßgehäuse (Pfeil nach oben; wichtig!) auf der Karte senkrecht ausgerichtet sind. Dabei muß man darauf achten, daß die Anlegekante weiterhin in X bleibt. Beim Ausrichten hilft das Gitternetz der Karte. Fehlt dieses, wie bei vielen alpinen Blättern, dann

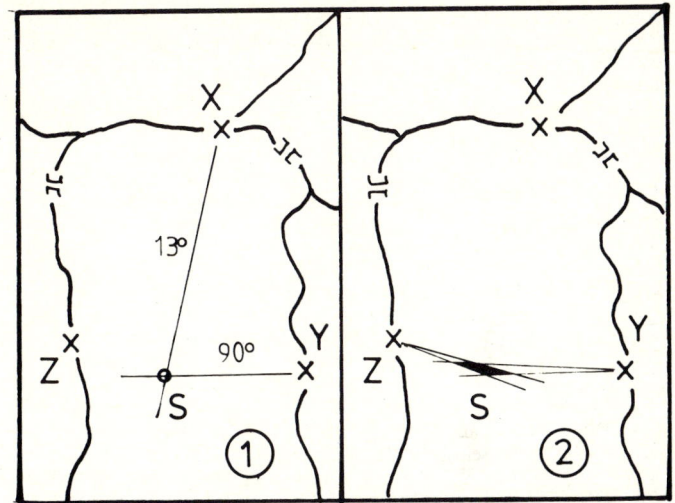

muß man sich bemühen, die einzelne, querlaufende Linie im Gehäuse an der Schrift auszurichten, die ja üblicherweise waagrecht angebracht ist.

5.) Die so festgestellte Linie wird mit Bleistift auf der Karte eingetragen. Man kann die Karte auch in einer durchsichtigen Plastikhülle aufbewahren und sie so falten, daß das Interessante nach oben schaut. Hier läßt sich die Linie mit Folienstift auf die Hülle zeichnen.

6.) In der gleichen Weise verfahren wir dann mit Punkt Y. Wo die beiden Linien sich treffen, liegt auf der Karte unser Standpunkt.

Zu Kästchen 2: Die sowieso schon geringe Genauigkeit beim Arbeiten mit dem Kompaß kann man durch ungünstige Winkel noch vergrößern. Beim Rückwärts-Einschneiden erreicht man das beste Ergebnis, wenn die beiden Linien senkrecht zueinander stehen. Je näher die Gipfel nebeneinander oder je exakter sie vis-a-vis liegen, desto größer wird die Fehlerquote. Unsere Skizze soll dies verdeutlichen. Bei einer Ungenauigkeit von nur ± 2° ergibt sich ein Schnittpunkt (-fläche) von gut 200 m Länge bei einer Karte von 1:25 000 und von gut 400 m (!) bei einer Karte von 1:50 000.

Auch zu den *Kursskizzen und Marschtabellen* hier vorab einige Bedenken und Warnungen. Im stark gegliederten Gelände des Hochgebirges läßt sich — von wenigen Ausnahmen abgesehen — keine befriedigende Genauigkeit erreichen. Das fängt bei den Entfernungen an. Ein Beispiel: bei 30° Hangneigung vergrößert sich die Strecke um 11,6 %. Würde man einen Kilometer lang gleichmäßig steigen, dann ließen sich diese Zusätze mit einberechnen. Doch üblicherweise ist das Gelände ja wellig – mal steiler, mal flacher – hier muß man über einen Graben springen, dort einem Latschendickicht ausweichen, Felsblöcke umgehen, reißende Bäche oder Wandstufen zwingen zu größeren Umwegen. Und wie will man diese Entfernungen messen? Durch das Zählen von Schritten etwa, wie immer angegeben wird? Wieviel Prozent Genauigkeit kann man damit erreichen? Bestimmt nicht über 80 %! Auf einer Forststraße mag das Ergebnis noch einigermaßen stimmen, aber dort braucht man eine derartige Methode nicht. Doch wie schaut es etwa bei einem Blockfeld aus? Das Zuverlässigste wäre noch das Messen mit Seillängen (schon zu Hause entsprechende Marken am Seil anbringen!); wieviele Bergsteiger aber haben überhaupt ein Seil dabei? Und beim Messen mit dem Kompaß wächst die Ungenauigkeit weiter an. Er gehört zu den ausgesprochen unpräzisen Instrumenten! Nun stellen Sie sich bitte vor, wo Sie bei einem zwanzigprozentigen Fehler in der Entfernung und einem um zehn Grad falschen Winkel landen können!

Das Gehen nach Kompaß und Kursskizze erinnert an einen Blindflug. Erreicht man das gesuchte Ziel nicht, dann hat man keine Ahnung vom

Gipfelbestimmung. Vergleichen Sie die Form der beiden Gletscher auf dem Foto und der Kartenskizze! Schon beim flüchtigen Hinschauen hat man in diesem Fall die volle Gewißheit der Übereinstimmung. So ist zum Beispiel die Form des rechten Gletschers ganz charakteristisch, er erscheint auf dem Foto nur etwas verkürzt. Ein ganz unverwechselbares Aussehen hat auch die dreieckige Felswand darüber, die auf der linken Seite tiefer herabreicht als auf der rechten. Das nächste Merkmal ist der Felsstreifen zwischen beiden Gletschern, ein weiteres das obere Gletscherbecken, das schließlich als viereckige Eiswand zum Gipfel hinaufzieht.

Hier haben wir ein Paradebeispiel dafür, wie mühelos sich ein Gipfel bestimmen läßt – dazu braucht man wahrlich kein Peilen mit dem Kompaß!

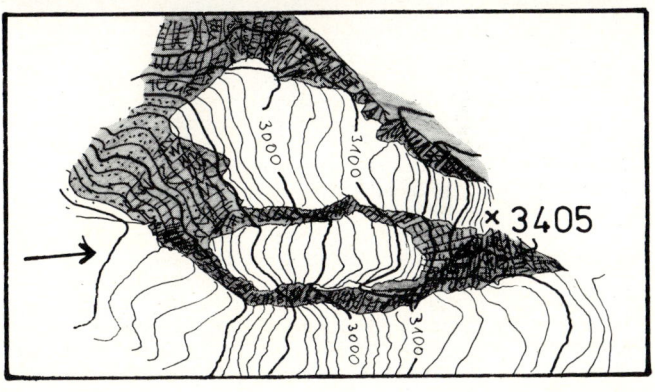

111

eigenen Standpunkt. Liegt das Ziel rechts oder links von einem, ist man schon daran vorbeigelaufen oder ist es weiter vorne zu suchen? Und das ist eine Situation, die man im Gebirge unter allen Umständen vermeiden muß. Dreht man dann nämlich die Kursskizze um und wandert mit ihrer Hilfe zurück, hat man kaum eine Chance wieder am Ausgangspunkt zu landen. So kann man sich schließlich in eine ausweglose Situation manövrieren.

Wir wollen hier einmal ein ganz konkretes Beispiel mit allen Konsequenzen und Überlegungen durchspielen.

Die Situation: drei Haute-Route-Begeher stehen im Col-du-Brenay (3639 m, Walliser Alpen, Gebiet Arolla). Sie kommen von der Chanrion-Hütte und ihr eigentliches Ziel ist die Vignettes-Hütte. Der Weg ist nicht gespurt — es herrschen Nebel, leichtes Schneetreiben und Wind.

Die einzig richtige Reaktion: die drei kehren längs ihrer Spur zur Chanrionhütte zurück.

Ein Weiterweg würde sich so gestalten: als erstes müßte man den Sattel (3740 m) zwischen den beiden Gipfel des Pigne d'Arolla erreichen. Mit Hilfe des *Anpeilens* ließe sich dies noch relativ mühelos bewerkstelligen. Man stellt auf der Karte die entsprechende Marschzahl fest und justiert den Kompaß danach (siehe Skizze). Dann geht der erste in der vorgesehenen Richtung so weit voraus, wie es der Nebel zuläßt. Dort hält er an und wird nun vom zweiten, der mit dem Kompaß peilt, so nach rechts oder links eingewiesen, daß er genau in der richtigen Richtung steht. Danach rücken die beiden anderen auf. Dieses Spiel setzt man solange fort, bis der Sattel erreicht ist (Kontrolle durch den Höhenmesser!). Man wird dafür mindestens das Dreifache der üblichen Zeit brauchen.

Doch die dann folgende Abfahrt nach Südosten würde ausgesprochen problematisch werden. Hier könnte man sich nun vielleicht mit einer Kursskizze weiterhelfen, um den relativ schmalen Durchschlupf durch die letzte Steilstufe mit ihren Fels- und Eisabbrüchen zu finden. Das heißt, man müßte den gesamten, 500 m hohen und teilweise sehr steilen Hang mit Seillängen ausmessen. Bei 25 m Abstand zwischen den Messenden ergäbe das siebzig (!) Einzelvorgänge, siebzigmal die Notwendigkeit, den Vordermann mit dem Kompaß einzuweisen. Und stellen Sie sich dazu folgendes vor: Sie müssen den Kompaß mit den dicken Handschuhen bedienen, Sie haben die eisverkrustete Gletscherbrille auf, das Schneetreiben und die Mütze erschweren die Verständigung. Dazu kommt das Hin und Her im tiefen Schnee mit dem schweren Rucksack, bis der Einzuweisende am richtigen Platz steht. Wie genau kann da das Ergebnis sein?! Und nun kommt das Teuflische an der Sa-

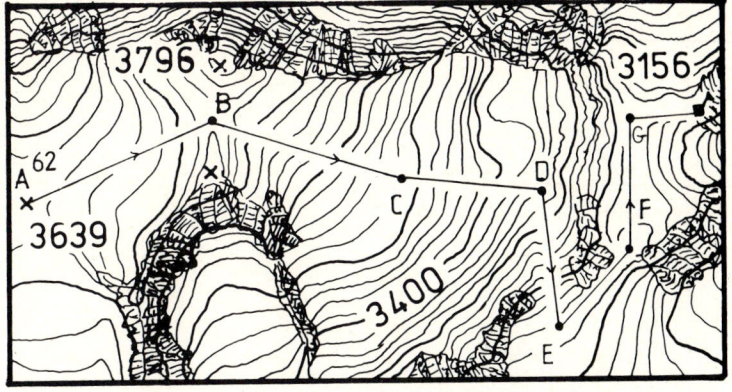

Route vom Col-du-Brenay zur Vignettes-Hütte. Hier eine Kartenskizze zur nebenan geschilderten Situation. Nur der Aufstieg vom Col-du-Brenay zur Schulter am Pigne d'Arolla (A-B) ließe sich bei den angenommenen Wetterverhältnissen noch einigermaßen zuverlässig zurücklegen. Das erste Stück der jenseitigen Abfahrt ist schon recht steil. Unterhalb des Punktes D folgt dann sogar eine gut 100 m hohe Stufe, die in ihrem südlichen Teil felsig ist, im nördlichen von Eisabbrüchen gebildet wird. Diese erkennt man an den unregelmäßigen, eckigen Formen der Höhenlinien. Hier ist – zumal bei Nebel! – kein Abstieg möglich; man müßte unbedingt die schmale und sehr steile Passage nach E finden! Eine weitere ernste Schwierigkeit liegt darin, genau in die kleine Einscharung bei F zu treffen, dies ist jener berühmt-berüchtigte Durchschlupf, den auch schon mancher vom Otemma-Gletscher Kommende (direkte Route von der Chanrion-Hütte) im Nebel verzweifelt gesucht hat.

che: Finden Sie nämlich den Durchschlupf nicht, dann sitzen Sie in der schönsten Falle. Jetzt wäre nämlich auch ein Zurückfinden in die Gipfelscharte ein glücklicher Zufall (auf den sich niemand verlassen sollte). Und zu allem kommt, als eine weitere, sehr ernste Gefahr, das diffuse Licht bei Nebel und Schnee. Manchen Spaltenrand, manchen Wächtensaum erkennt man erst, sobald die Skispitzen ins Freie hinausragen.

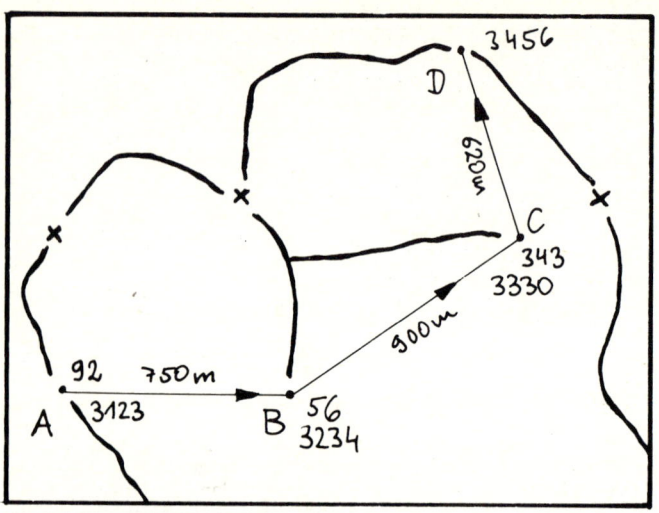

Kursskizze oder Marschtabelle. Unsere Aufgabe: Anfertigen der entsprechenden Skizze, damit wir unsere Route zwischen den Scharten A und D auch bei Nebel finden.

Zuerst zeichnen wir eine Skelett-Skizze, die alle notwendigen Geländeformen wie Grate, Gipfel, Scharten enthält. Das wird nur mit transparentem Papier genau! Dann stellen wir die Höhe von A fest, lesen sie aus der Karte heraus oder zählen sie an den Höhenlinien aus. Dann bestimmen wir die Marschzahl. Wir legen dazu die Anlegekante des Kompasses auf die Strecke AB; der Pfeil der Kompaßplatte muß dabei in Gehrichtung schauen (wichtig!). Anschließend drehen wir die Kompaßdose, bis die Himmelsrichtungen auf der Karte mit denen des Kompasses übereinstimmen – Norden muß also oben sein (die Kompaßnadel spielt dabei keine Rolle!). An der Marke können wir nun die Marschzahl ablesen. Sie wird bei A eingetragen. Schließlich messen wir noch die Entfernung zwischen A und B und notieren sie in m oder SL (= Seillängen). Die gleiche Arbeit erfolgt dann für die übrigen Punkte und Strecken.

Vorteilhaft ist es, die Karte in eine passende Hülle zu stecken und die Skizze mit feinem Folienstift darauf zu zeichnen. So geht einem nicht die so wertvolle Detailzeichnung der Karte verloren.

Hier nun die Methode — für die wenigen verbleibenden Fälle (Gelände ohne ernste Hindernisse) — wie man sich nach der Kursskizze zurechtfindet:

a) Man legt sich auf der Karte eine Route so zurecht, daß sie möglichst keine Hindernisse wie Felsabsätze, Schluchten, Gletscherbrüche usw. berührt; dann teilt man diese Route in gerade Abschnitte auf (je weniger Wendepunkte, desto besser).

b) Man legt die Marschzahlen (siehe Anpeilen) fest für die Strecken AB, BC usw. und trägt die Ziffer jeweils bei A, B usw. ein.

c) Man mißt die Entfernungen und rechnet sie in Schritte oder Seillängen um und trägt diese Zahlen ebenfalls ein. Je nach Boden, Steigung und Körpergröße kann man pro Schritt 40 bis 75 cm rechnen.

d) Für den Start sucht man sich einen unverwechselbaren Punkt heraus, um nicht schon mit einer Ungenauigkeit zu beginnen.

Die Punkte a) bis d) lassen sich nur mit Ruhe, also in der Hütte, wirklich exakt ausarbeiten. Eine unterwegs in Eile und Nervosität angefertigte Kursskizze neigt zu Ungenauigkeiten und Fehlern. Und damit sind wir bei einer weiteren Widersprüchlichkeit der Methode. Wenn man schon vorher weiß, daß man möglicherweise in Schlechtwetter und in Schwierigkeiten kommt, dann verstößt man gegen eine der alpinen Grundregeln und begibt sich ganz bewußt und damit oft unverantwortlich in Gefahr. Verwendet man die Kursskizze jedoch als letzten Rettungsanker — wenn alle anderen Möglichkeiten ausgeschöpft sind — dann muß man sie unterwegs bei Wind und Wetter erstellen. Denn niemand kann voraussehen, wann und wo sie notwendig sein wird.

e) Hat man den Startplatz A erreicht, stellt man die Marschzahl auf dem Kompaß ein und visiert die Richtung an, wie es auf Seite 105 beschrieben ist. Man merkt sich einen markanten, möglichst entfernten Gegenstand (je weiter weg, desto größer die Genauigkeit und desto geringer der Arbeitsaufwand) wie einen Fels oder Baum, der sich genau in dieser Richtung befindet.

f) Man geht geradlinig zu seiner Marke hinüber und zählt die Schritte bzw. mißt die Entfernung mit dem Seil. Dort angekommen startet man den bei e) beschriebenen Vorgang aufs neue, peilt, merkt sich ein Ziel, geht und zählt oder mißt dabei . . . Das setzt man so lange fort, bis man die Entfernung AB zurückgelegt hat.

g) In B beginnt nun der gleiche Vorgang für die Strecke BC. So werden alle Abschnitte zurückgelegt, um das Ziel zu erreichen.

h) Gibt es keine markanten Gegenstände im Gelände, z.B. auf Schneefeldern, dann läuft der Begleiter ein Stück bzw. eine Seillänge voraus und wird dort vom zweiten eingewiesen (siehe auch „Anpeilen", Seite 112).

115

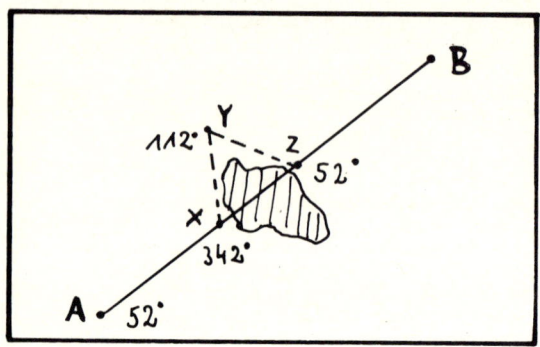

i) Je gegliederter ein Gelände ist, desto komplizierter und auch fehlerträchtiger wird die ganze Methode. Es läßt sich oft nicht vermeiden, daß man auf unüberwindliche Hindernisse trifft. Sie müssen dann, wie auf der Skizze gezeigt, umgangen werden. Man weicht am besten in 60°-Winkeln ab, weil dann die Entfernungen XY und YZ genau der Entfernung XZ entsprechen (gleichseitiges Dreieck!). Aber wie leicht kann es passieren (z.B. in stärker geneigtem Gletscherschliffgelände), daß man bei seiner Abweichung wieder auf ein neues Hindernis trifft. Hier wird nun ein Ausweichen beim Ausweichen notwendig, und damit gerät das Ganze in eine verwirrende Unübersichtlichkeit. Schließlich bräuchte man einen Taschencomputer, um nichts zu vergessen, nichts falsch zu machen. Schauen Sie sich unser Gletscherfoto als warnendes Beispiel an — da gibt es überhaupt kein Geradeaus mehr!

Drum zum Schluß nochmals unser lebenserhaltender Leitsatz: Man meide im Nebel oder bei Gefahr von Nebel alle Strecken, die keinen sicheren Rückzug garantieren.

Der Glacier du Fond liegt im hintersten Val de Rhêmes (Aostatal). Er soll hier als warnendes Beispiel dienen, daß man die Möglichkeiten der Kursskizzen und der Umgehung von Hindernissen nicht überschätzt. Auf diesem zerschründeten Gletscher wäre man nur allzu schnell mit seinem Kompaß-Latein zu Ende!

Alpine Begriffe

Hier werden jene Geländebezeichnungen erklärt und definiert, die bei der Orientierung eine Rolle spielen, z. B. in den Führertexten verwendet werden. Dem Inhalt der Lehrschrift entsprechend fehlen jedoch die Begriffe aus dem reinen Fels(Kletter)Bereich wie etwa das Wort „Verschneidung".

Abbruch – felsige Steilstelle an Graten (Gratabbruch) oder im Gelände; auch auf Gletschern üblich (Eisabbruch)

Absatz – flache Stelle an Hängen, Graten usw.

aper – schneefrei, bzw. ohne Eisbedeckung

aufgelassener Weg – Weganlage, die nicht mehr instand gehalten wird

Aufschwung – Steilstelle an Graten, Flanken oder Wänden

ausgesetzt – alle Stellen im Gebirge, unter denen das Gelände steil und unmittelbar abbricht

Band – flacher, querlaufender Absatz in einer Felswand

Bannwald – Schutzwald gegen Lawinenbedrohung

Baumgrenze – obere Grenze des Baumwuchses im Gebirge

Becken – weite, tiefe Einbuchtung im Gelände (z. B. Gletscherbecken)

Bergfuß – jener Bereich, an dem ein Berg beginnt, aus seiner Umgebung (z. B. aus einem Kar) als selbständiger Gipfel aufzuragen

Bergschrund – breite Gletscherspalte zwischem dem fließenden Eis eines Gletschers und dem oberhalb in der Flanke fest haftenden Eis

Blankeis – aperes Eis auf Gletschern oder in Wänden

Blöcke – besonders große Gesteinstrümmer (im Gegensatz zu Geröll und Schutt); dazu Blockfeld, Blockgrat, Blockwerk usw.

Bratschen – in den Hohen Tauern übliche Bezeichnung für die meist sehr steilen, schiefrigen Schrofenhänge (Kalkglimmerschiefer)

brüchig – durch Verwitterung lockeres und mürbes Gestein

Bucht – ein von steilem Gelände umgebenes Becken (z. B. Gletscherbucht)

Couloir – eisgefüllte Rinne oder Schlucht

Doline – trichterartige Einsenkung im Karstgelände

Doppelgipfel – Gipfel mit zwei Erhebungen ähnlicher Höhe

Durchschlupf – schmaler Durchlaß zwischen Hindernissen wie Felsen, Gletscherspalten etc.

Einstieg – Beginn einer Kletterei (Gegenstück: Ausstieg)

Eisflanke, -grat, -wand – von einer ständigen, dicken Eisauflage überdecktes Gelände, man spricht auch dann von Eisflanke usw., wenn das Eis von Schnee bedeckt ist

Eiskalotte – Bergkuppe, die ganz von Eis überlagert ist

exponiert – so viel wie ausgesetzt (siehe dort)

Fallinie – die direkteste Linie von einem Punkt am Berg ins Tal

fauler Fels – Fels von besonders großer Brüchigkeit

Felsenfenster – quer durch einen Grat gebrochenes, natürliches Loch; auch orographisches Fenster genannt

Felsgürtel – querlaufender Felsstreifen im sonst flacheren Gelände

Felsinsel – eisfreie Insel im Gletschergelände

Felssturz – gleichzeitiger Ausbruch größerer Felsmengen und Absturz über die darunterliegenden Hänge bis zu flachem Gelände; die liegengebliebenen Felstrümmer werden im allgemeinen Sprachgebrauch ebenfalls als Felssturz bezeichnet

Ferner – in weiten Teilen Tirols übliche Bezeichnung für Gletscher

Firnfeld – sommerliches Schneefeld (kein Gletscher)

Firnflecken – mehrere kleine Firnfelder

Flanke – steiler Abhang eines Berges, steiler als ein Hang und flacher als eine Wand; je nach der Oberfläche auch Fels-, Firn-, Schuttflanke usw.

Gehgelände – Gelände im Gebirge, das sich ohne Zuhilfenahme der Hände (also ohne Kletterei) begehen läßt

Geröllfeld – mit einer dicken Schicht aus Felsschutt bedeckter Hang (auch Geröllrinne, -schlucht usw.)

Gipfelaufbau – das letzte steil aufsteigende Stück an einem Berg

Gipfelgrat – letzter, zum Gipfel hinaufziehender Gratteil

Gletscherbruch – stark zerbrostene Gletscheroberfläche

Gletscherschliff – vom einstigen Gletscher glattgehobelte Felsen

Gletschersee – See am Rand eines Gletschers

Gletscherzunge – unterer Teil eines Gletschers

Graben – scharf ins Gelände eingeschnittener Bachlauf

grasdurchsetzt – teilweise von Gras bewachsenes Felsgelände

Grat – schmaler, deutlich ausgeprägter Kamm

Gratast – eine wenig bedeutende Abzweigung vom Hauptgrat

Gratkopf – kleinere Erhebung in einem Gratverlauf

Grieß – mundartliche Bezeichnung für Geröllfelder mit hellem Kalk

Gumpe – wassergefüllte Kessel in einem felsigen Bachbett

Hängegletscher – über besonders steiles Gelände herabfließender, nach unten abbrechender Gletscher

Hauptgipfel – Bezeichnung für den höchsten Punkt eines gegliederten Massives

Hauptgrat – der zu den Nachbarbergen weiterführende Verbindungsgrat

Hochfläche, Hochplateau – hochgelegene, nur wenig geneigte Fläche,

die allenfalls auf einer Seite von einem höheren Grat überragt
wird

Hochwald – geschlossener Waldbestand aus hochgewachsenen Bäumen

Höcker – kleiner, abgerundeter Kopf

Hüttenberg – ein schnell erreichbarer und sehr häufig bestiegener Gipfel im Tourengebiet einer Hütte

Joch – Einsenkung in einem Grat, schmäler als ein Sattel und weiter als
eine Scharte

Kamm – allgemeiner Ausdruck für einen Grat, auch Bezeichnung für
einen längeren Bergzug mit mehreren Gipfeln

Kanzel – weit vorspringender Geländepunkt mit flacher Plattform und
steilen Abbrüchen

Kar – eine meist auf drei Seiten von Steilhängen oder Wänden einge-
schlossene Mulde, die von den einstigen Gletschern ausgeschürft
wurde

Karboden – der untere, flache Teil eines Kares

Karren – Verwitterungserscheinungen im Kalk; durch chemische
Lösung in den Fels eingefressene Rillen

Karschwelle – Unterende eines Karbodens, unterhalb fällt das Gelände
steiler ab; wird häufig durch alte Stirnmoränen gebildet; die Karschwelle staut in vielen Fällen einen See auf

Karst – Kalkgebiete, die unterirdisch entwässert werden; dadurch
kommt es zu keinen Talbildungen, es entstehen sehr unregelmäßige
Karsthochflächen

Kees – in den Zillertaler Alpen und Hohen Tauern übliche Bezeichnung
für Gletscher

Kessel – eigentlich eine allseits geschlossene Mulde mit unterirdischer
Entwässerung; man spricht jedoch auch dann von Kessel, wenn
der vorhandene Taleinschnitt z. B. hinter einem Vorsprung verborgen und damit nicht zu erkennen ist

Klamm – schmale, vom Wasser eingefressene Schlucht mit senkrechten
Seitenwänden

Knieholz, Krummholz – niederliegende Formen von Holzgewächsen in
der Hochregion, häufigster Vertreter ist die Bergkiefer (Latsche)

Kofel, Kogel – in Tirol häufige Gipfelbezeichnung, die sich nicht auf
eine bestimmte Bergform beschränkt (wie irrtümlich häufig angegeben wird)

kombiniertes Gelände – steiles, bergsteigerisch anspruchsvolles Gelände, in dem Fels, Schnee und Eis abwechseln

Kopf – abgerundete Erhebung

Kulisse – schmale, weit vorspringende Felsscheibe

Kuppe – breiter, flacher Kopf

Lache, Lacke – kleiner Bergsee

Lahn(e) – mundartliche Bezeichnung für Lawine

Latschenfeld – ein größeres, von Latschen überzogenes Gebiet

Latschengasse – schmale, freie Räume zwischen Latschenfeldern

Lawinenbahn, Lawinenrinne, Lawinenstrich – Geländeeinschnitte, durch die die Grundlawinen zu Tal fließen

Lehne – steiler, waldfreier Hang im Talbereich

Lücke – ganz schmale, scharfe Grateinschartung

Mahd, Mähder – mundartlich für hochgelegene Mähwiesen

Matten – Bergwiesen der Hochregion

Mittelmoräne – Moränenstreifen auf der Gletscherzunge

Moräne – vom Gletscher aufgebaute Wälle aus Gesteinsschutt, je nach der Lage Seiten-, Stirn- oder Mittelmoräne genannt

Mure – lawinenähnliches Abfließen von Schlamm, Erdreich und Gesteinsmassen nach besonders starken Regenfällen oder plötzlicher Schneeschmelze

Mulde – breite, flache Einsenkung in Hängen

Paß – tiefe und weite Einsattelung in Bergkämmen

Plateau – Hochfläche

Plattenschuß – großflächige, stärker geneigte, aus Platten bestehende Felspartien

Querung – Route, die quer, also horizontal, durch einen Hang etc. führt

Randfelsen – die Felspartien, die eine Rinne, Schlucht, aber auch einen Gletscher seitlich begleiten

Randkluft – Spalte zwischen Gletschereis und den begrenzenden Felsen; durch Ausschmelzen entstanden

Rinne – durch Auswaschen entstandene Einbuchtung in steilerem Gelände, gleichsam die Kleinform eines Tales

Rippe – steil herabziehender, nur wenig ausgeprägter Grat

Rücken – sehr breiter Grat

Runse – wie Rinne, jedoch noch weniger tief eingeschnitten

Sattel – sanfter, weiter Grateinschnitt

Scharte – scharfer Grateinschnitt im Felsgelände

Schlucht – sehr tief eingeschnittene Rinne mit steilen, felsigen Seitenwänden

Schneebrücke – schmale Brücke aus Firn oder Harsch über eine sonst offene Gletscherspalte

Schneide – schmaler, scharf zugespitzter Grat

Schräganstieg – Route, die diagonal über einen Hang etc. emporführt

Schrofen – felsdurchsetztes Steilgelände, jedoch flacher als eine Wand

Schulter (Gratschulter) – waagrechter Absatz in einem Grat

Schuttfeld – so viel wie Geröllfeld

Seitengrat – vom Hauptgrat abzweigender Nebenast

Seitenmoräne – Moräne, die die Gletscherzunge seitlich begleitet

Sommerweg – der im Sommer übliche Aufstieg zu einer Hütte oder einem Gipfel (als Gegenstück zum Winterweg)

Spalte (Gletscherspalte) – durch die Bewegung des Gletschers entstandene Klüfte im Eis; je nach der Lage der Spalte im Verhältnis zur Fließrichtung des Gletschers spricht man von Längs-, Quer-, Kreuzspalten usw.

Splittriger Fels – sehr brüchiger, in kleinste Steinchen zerfallender Fels

Steilstufe – Bezeichnung für jenen Abschnitt eines Hanges, Grates usw., der deutlich steiler als die Durchschnittsneigung ist

Steinschlagrinne – Rinne mit häufigem Steinschlag

Stirnmoräne – Moräne unter der Gletscherzunge

Talschluß – Hinterende des flachen Teiles eines Tales

Terrasse – breiter, flacher Absatz im Steilgelände

Tourengebiet – jener Bereich rund um eine Hütte, einen Straßenpaß etc., der von dort aus gut besucht werden kann

Traverse – so viel wie Querung

Trasse – bei den Bergsteigern übliche Bezeichnung für eine Route über Gletscher

Trogtal – Tal mit flachem Boden und steilen seitlichen Hängen

Turm – schmaler, freistehender Felsgipfel mit sehr steilen Wänden

Übergang – Weg von einem Tal ins Nachbartal (von einer Hütte zur anderen) über eine Scharte oder auch über einen Gipfel

Überschreitung – Gipfelbesteigung mit unterschiedlichem Auf- und Abstieg

Ufer – Gletscherrand

Umgehung – seitliches Ausweichen bei einem Hindernis wie einem Felsabbruch

Vegetationsgrenze – Obergrenze des Pflanzenwuchses

Vorbau – einer Felswand vorgelagerte Schrofenzone

Vorgipfel – untergeordnete, dem höchsten Punkt vorgelagerte Graterhebung

V-Tal – scharf eingeschnittenes Tal ohne Talboden (Gegenstück zu Trogtal)

Waldgrenze – Obergrenze des geschlossenen Waldbereiches

Wandfuß – unteres Ende einer Felswand

Wandl – in Bayern und Tirol übliche Bezeichnung für einen Felsaufschwung von wenigen Metern Höhe

Zacken – kleine, spitze Felstürme

Heiteres und Besinnliches

Karl Lukan
Quergänge

Die schönsten Bergsteigergeschichten aus drei Jahrzehnten.
Lukan, ein Altmeister der alpinen Unterhaltungsliteratur, erzählt hier die Geschichten, die ihn bekannt gemacht haben. Von Karl Lukan angeregt, sind schon unzählige Menschen zu Bergsteigern geworden.
248 Seiten mit 22 Scherenschnitten.
Best.-Nr. 7029-3, DM 26,80

Helmuth Zebhauser
Vom Unsinn des Bergsteigens

Schamlose Betrachtung des Alpinismus
Das Bergsteigen ist eine Welt für sich – mit ihrem eigenen und eigenwilligen Selbstverständnis, ihren eigenen Gesetzen, ungewohnten Fragen und ungewöhnlichen Antworten.
Best.-Nr. 7014-5, DM 26,80

Bergverlag Rudolf Rother GmbH

Sicher in die Berge –
glücklich nach Hause

mit den
Alpenvereinsführern

aus dem
Bergverlag Rudolf Rother

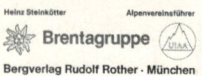

Heinz Steinkötter   Alpenvereinsführer
Brentagruppe (UIAA)
Bergverlag Rudolf Rother · München

Erhältlich zu den Gebieten:

Allgäuer Alpen – Ammergauer Alpen – Ankogel-/Goldberggruppe – Bayerische Voralpen Ost mit Tegernseer/Schlierseer Bergen und Wendelstein – Benediktenwandgruppe, Estergebirge und Walchenseeberge – Berchtesgadener Alpen – Bregenzerwaldgebirge – Brentagruppe – Chiemgauer Alpen – Civettagruppe – Cristallogruppe und Pomagagnonzug – Dachsteingebirge Ost – Dachsteingebirge West – Eisenerzer Alpen – Geisler-Steviagruppe – Gesäuseberge – Glockner- und Granatspitzgruppe – Hochkönig – Hochschwab – Kaisergebirge – Karnischer Hauptkamm – Karwendelgebirge – Kitzbüheler Alpen – Lechtaler Alpen – Lechquellengebirge – Lienzer Dolomiten – Loferer und Leoganger Steinberge – Marmolada-Hauptkamm – Mieminger Kette – Niedere Tauern – Ortleralpen – Ötztaler Alpen – Pelmo/Bosconero – Puez/Peitlerkofel – Rätikon – Rieserfernergruppe – Rofangebirge – Rosengartengruppe – Samnaungruppe – Schiara – Schobergruppe – Sellagruppe – Sextener Dolomiten – Silvretta – Stubaier Alpen – Tannheimer Berge – Tennengebirge – Totes Gebirge – Venedigergruppe – Verwallgruppe – Wetterstein und Mieminger Kette – Zillertaler Alpen

Zu beziehen durch alle Buchhandlungen